Wulfing von Rohr

NEPTUN

Der Planet der Einheit

Die Kraft der Einfühlung und der Mystik

Welcher Planeten-Typ sind Sie?

Was der Neptun für Ihren Charakter
und Ihr Schicksal bedeutet

WILHELM HEYNE VERLAG
MÜNCHEN

HEYNE PLANETENBÜCHER
14/309

Printed in Germany 1994
Umschlaggestaltung: Atelier Adolf Bachmann, Reischach
Umschlagillustration: Christine Wilhelm, München
Satz: Kort Satz GmbH, München
Druck und Bindung: Presse-Druck Augsburg

ISBN 3-453-07088-7

Inhalt

Einstimmung und Dank

»Alle Orte des Gebets sind Symbole des geliebten Einen,
Verbeuge dich, wenn du eine Kirche siehst,
und neige dein Haupt, wenn du zu einem Tempel kommst.«
»Wenn die Blumen der Kirchen und Synagogen, der Moscheen und Tempel gemeinsam erblühen, dann o Herr, wird der Frühling in Deinem Garten erwachen!«

Diese Worte des Dichters Darshan Singh aus der mystischen Dichtung »Eine Träne und ein Stern« könnten sinnbildlich für die beste Seite des astrologischen Symbols Neptun stehen. Sehnsucht nach Einheit aller Menschen in der einen Schöpferkraft, Wertschätzung aller äußeren Formen, in denen wir Menschen das Unsterbliche in uns verehren, und schließlich Kraft, Grenzen aufzulösen und Ideale Wirklichkeit werden zu lassen: das sind wesentliche positive Aspekte des Neptun. Neptun kann in dieser Deutung auch zum »Planet der Hoffnung« werden!
Dank sage ich den Meditationsmeistern des inneren Lichts und der Musik der Seele: dem verehrten großen Menschheitslehrer Sant Darshan Singh und seinem kraftvoll und unermüdlich zur Erhebung der Menschen arbeitenden Nachfolger Maharaji Rajinder Singh, einem Wissenschaftler und Mystiker. Sie leben »positive Mystik« vor. Durch sie bin ich zur »Inneren Astrologie« geführt worden, über die am Schluß dieses Büchleins einige Hinweise zu finden sind. Darshan Singh hatte mich eindringlich dazu ermutigt, in Büchern die Botschaft der Hoffnung und die Tatsache des ewigen Lebens der bewußten Seele weiterzutragen. Mit seiner Liebe und Hilfe mag das trotz der sehr bescheidenen eigenen Möglichkeiten vielleicht dann und wann gelingen.

Ein Wort an die Leserinnen und Leser: bitte erinnern Sie sich im Umgang mit Astrologie (und anderen menschlichen Wissensgebieten) daran, daß es keine absoluten Festlegungen gibt. Ein Teilbereich – die Astrologie, die Psychologie, die Physik, die Chemie – kann nie das Ganze erklären. Gott und die durch Gotteskraft belebte Seele sind »größer« als menschlich begrenztes Denken und Kalkulieren. Die schöpferische Kraft, die alles geschaffen hat und alles beseelt, ist nicht dem Diktat des begrenzten Erkenntnis- und Ausdrucksvermögens unseres Gemüts unterworfen. Ich ermuntere Sie ausdrücklich dazu, auch in diesem Buch nur das anzunehmen, was Sie positiv stimmt, was Sie inspiriert, erhebt und Ihnen hilft. Lassen Sie alles andere einfach beiseite. Wenn der eine oder andere Gedanke in diesem Büchlein Ihnen als Impuls dienen könnte, bewußter, sensibler, liebevoller, klarer oder inniger zu werden, wäre ich um so dankbarer.

Astrologen sollten mit gutem Beispiel vorangehen und aus ihrem eigenen Geburtsdatum kein Geheimnis machen wollen. Daher sage ich Ihnen gerne, daß dieser Körper am 2. August 1948 in Koldingen, rund 20 Kilometer südlich von Hannover in Niedersachsen, um 7.40 Uhr Ortszeit (5.40 Uhr Greenwichzeit) geboren wurde, laut standesamtlichem Eintrag. Das heißt u. a., daß mein Neptun in der Waage steht, im zweiten Haus, in enger Konjunktion mit dem Mars und im fast genauen Sextil zur Sonne.

Neptun in Mythologie und Wissenschaft

Neptun in der Wissenschaft

Neptun ist der achte Planet, vom Zentrum unseres Sonnensystems aus gerechnet. Seine mittlere Entfernung auf seiner elliptischen Bahn rund um die Sonne beträgt knapp viereinhalb Milliarden Kilometer. Ein Neptunumlauf einmal rund um die Sonne dauert 164,8 Jahre. Neptuns Äquator mißt 49 500 Kilometer, seine Dichte ist 17mal höher als die der Erde, seine Atmosphäre besteht aus Wasserstoff, Helium, Methan und Ammonium. Neptun besitzt acht »Satelliten« bzw. Monde und ein Ringsystem mit drei Hauptringen. Einer der Monde, »Triton«, kreist »rückwärts« um Neptun und beherbergt mehrere aktive Geysire, die Stickstoff-Eis und -Gas emporsprühen. Der Planet Neptun wurde 1846 vom deutschen Astronomen Johann Galle entdeckt, nachdem aufgrund von Unregelmäßigkeiten in der Umlaufbahn des zuvor entdeckten Planeten Uranus mindestens zwei Astronomen vorhersagten, daß es jenseits von Uranus einen weiteren Planeten geben müsse.
Der Name Neptun, nach dem römischen Gott der Meere, der als Bruder Jupiters galt, stammt nicht von Astrologen, sondern von Astronomen. Zur Namensfindung aus astrologischer Sicht schreibt Bernd A. Mertz u. a., daß der Name »jedoch insofern bedeutungsvoll [sei], als daß hier die Reihenfolge des Göttergeschlechts unterbrochen wurde. Wir wissen, Saturn-Chronos war der Vater von Jupiter-Zeus, und der Vater von Saturn war Uranus, der der Sage nach aus dem Chaos geboren wurde. Aus welchem Chaos? Aus dem Himmelsmeer, wo Neptun herrschte? So erwies sich auch der Name Neptuns als richtig ...« Soweit das Zitat aus »Das Grundwissen der Astrologie«, von Seite 163 (erschienen im Ariston Verlag Genf–München).

Neptun in der Mythologie

Der römische Gott Neptun entsprach dem griechischen Gott Poseidon. Daher beziehen sich die mythologischen Entsprechungen des Neptun eigentlich auf Poseidon. Dieser war nicht nur der Gott der Meere und der (Süßwasser-)Gewässer, sondern als »Ennosigaios« auch der Gott der Erdbeben. In dieser Rolle wird er mit von ihm geschaffenen Pfer-

den in Verbindung gebracht, die mit donnerndem Hufschlag die Erde erbeben lassen. Seine Funktion als Gott der Meere stand jedoch, vor allem in der Epoche der griechischen Klassik, im Vordergrund. Wie so oft, sind auch die Geschichten um diesen Gott vielgestaltig und widersprüchlich. Eine Legende erzählt davon, daß er mit anderen Göttern von Saturn-Chronos zunächst verschlungen und später von Zeus wieder aus Saturn-Chronos' Eingeweiden befreit worden sei. Eine andere Sage berichtet, daß die Göttermutter Rhea Neptun vor Chronos rettete, indem sie diesen ein Fohlen an seiner Statt verschlingen ließ. Eine dritte Erzählung weiß, daß Neptun von den Telchinen auf Rhodos aufgezogen worden sei, die ihn vor Chronos schützten. Telchinen waren fischschwänzige Dämonen, die ersten Bewohner der Insel Rhodos. Sie galten als Begründer der Bildhauerkunst, die Rhodos später berühmt machte, sowie als Beherrscher der Wetter, die sie durch Zauberei zu erzeugen und beeinflussen wußten.
Der Name »Poseidon« bedeutet möglicherweise »Gatte der Erde«, worauf auch ein Beiname Poseidons, nämlich »Phytalmios«, der Fruchtbare, hinweist.
Die drei Brüder Zeus, Hades und Poseidon (oder Jupiter, Pluto und Neptun) teilten das Universum unter sich auf. Poseidon bekam Erde und Meer, Zeus regierte den Himmel und Hades die Unterwelt. Neptun erhob sich zum Beherrscher der alten Meeresgottheiten Nereus, Proteus und Phocus. Er kämpfte mit anderen Göttern um Gebiete Griechenlands, die vermeintlich ihm besonders gehörten. Mit Helios stritt er um Korinth, verlor und erhielt statt dessen den korinthischen Isthmus. Als die Flußgötter von Argos der Göttin Hera diese Region zusprachen, ließ er aus Rache die Flüsse dort austrocknen. Eine Liebesverbindung mit Amymone ließ ihn seinen Fluch abmildern und ihr zuliebe eine neue Quelle schaffen. Poseidon unterhielt – wie in der griechischen Götterwelt normalerweise üblich – vielfältige Liebesbeziehungen.
Seine Frau war Amphitrite, die ihm Triton gebar. Als Poseidon der Nymphe Scylla den Hof machte, verwünschte Amphitrite sie in ein Ungeheuer. Scylla und Charybdis waren bekanntlich die Ungeheuer an der Seestraße von Messina, die Seeleute ins Unglück stürzten.
Poseidon verband sich auch mit Medusa, die ihm u. a. das geflügelte Pferd Pegasus gebar, und mit Demeter, die daraufhin ebenfalls ein Pferd gebar, Arion. Wie oben kurz gesagt, gehörten Pferde mit zum mythischen Inbild des Neptun-Poseidon. Das Menschen-Mädchen Canis wurde vom Gott Poseidon verführt und durfte sich danach, der Göttersitte gemäß, einen Wunsch erfüllen lassen. Sie wünsche sich, zu

einem Mann zu werden, damit ihr dieses (Miß-)Geschick nicht noch einmal widerfahre. Poseidon verliebte sich auch in Pelops, einen besonders ansehnlichen jungen Mann, dem die Götter eine Elfenbeinschulter gegeben hatten (nachdem sein Vater Tantalus ihn den Göttern als Fleischsuppe serviert hatte, um deren Allwissenheit zu prüfen; Demeter aß tatsächlich ein Stück seiner Schulter, danach wurde Pelops wieder »zusammengesetzt«, eben mit einer neuen Schulter). Der wiederum fand Gefallen an einer jungen weiblichen Schönheit, die zu erringen Poseidon ihm seine Unterstützung lieh. Poseidon hatte also schon immer sehr viel mit Liebe in all ihren lichten und auch eigenartigen Schattierungen zu tun. Allerdings kann man das fast von der gesamten griechischen Götterwelt sagen.

Poseidon war auf der Seite der Griechen in Troja, Odysseus persönlich jedoch feindselig gesonnen, da dieser seinem (des Poseidon) Sohn Polyphemus das Augenlicht raubte.

Die astrologische Deutung des Planeten Neptun nimmt nur wenig konkreten Bezug auf diesen mythologischen Hintergrund. Auf den nächsten Seiten erfahren Sie etwas darüber, was in einem Horoskop steht. Wenn Sie das bereits wissen oder wenn Sie gleich zur Interpretation des Symbols Neptun im Horoskop kommen wollen, überspringen Sie diese Abschnitte und lesen gleich bei »Neptun in der astrologischen Deutung« ab Seite 36 weiter.

Was »steht« im Horoskop?

Die meisten Horoskopdarstellungen sind heutzutage rund. Eine Ausnahme stellen Horoskope nach der indischen Manier dar, die als Quadrat gezeichnet werden. Im Mittelalter wurden auch bei uns Horoskope quadratisch abgebildet.
In diesem Rund finden Sie fünf Arten von Eintragungen:

1. 12 Zeichen des symbolischen Tierkreises von Widder bis Fische. Sie sind das Messband von 12 x 30 Grad = 360 Grad, in dem man Planeten, Häuser und rechnerische Punkte einträgt und abliest.
2. 10 Planeten symbolisieren Kräfte, welche in der oder auf die Person wirken.
3. 12 Häuser, welche die Lebensbereiche angeben, in denen sich die symbolischen Planetenkräfte bemerkbar machen.
4. Einige Achsen als Grundstruktur (und einige rechnerische Punkte) als zusätzliche wichtige Deutungshilfen.
5. Aspekte, das heißt spezielle Winkelbeziehungen zwischen Planeten, Achsen und rechnerischen Punkten.

Jeder Planet und jeder rechnerische Punkt steht also sowohl in einem Zeichen als in einem Haus. Wahrscheinlich ist er darüber hinaus mit einem oder mehreren anderen Planeten durch eine besondere Winkelbeziehung, also durch einen Aspekt, verbunden.

Ein Horoskop gibt nach Ansicht von Astrologen Aufschlüsse über den Charakter des Horoskopinhabers sowie über Anlagen und Talente. Darüber hinaus lassen sich die »karmischen« Grundlagen dieses Lebens und die generellen Entwicklungsmöglichkeiten aufspüren. Weiter eignet sich die astrologische Betrachtung dazu, Zyklen und Zeitabschnitte im Lebensgang eines Menschen zu erkennen. Anhand des Horoskops kann man sowohl zu Aussagen über mögliche äußerliche Ereignisse gelangen als auch über psychologische Muster und über die geistige Ausrichtung des betreffenden Menschen. Damit dient das Horoskop als »Anzeigeinstrument« für Charakter und Schicksal, für Persönlichkeit und Seelenleben eines Menschen – mit zwei wichtigen Einschränkungen. Das Horoskop »macht« nichts, Planeten und Sterne »machen« nichts, sondern zeigen im Rahmen von Analogiegesetzen

R. W.
22. 1. 1944
6.00
Br 52°
Lg 4°

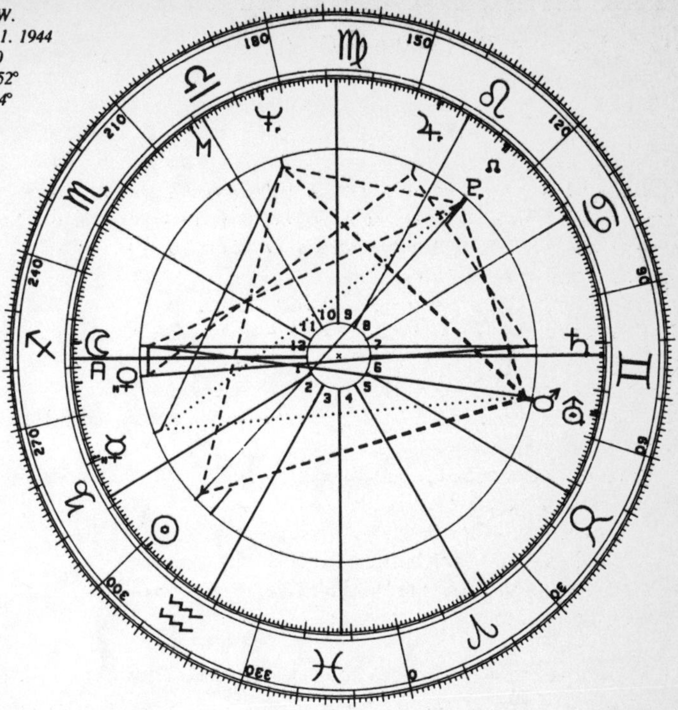

Ein typisches Horoskopbild als Computerausdruck mit den zwölf Zeichen, Sonne, Mond und Planeten sowie Aspekten. Die zwölf Häuser sind im Innenkreis als »Tortenstücke« gezeichnet.

nur etwas an – so, wie eine Uhr die Zeit nicht schafft, sondern nur anzeigt. Und ein Zweites: die schöpferische Freiheit der Kraft, die alles geschaffen hat und aus der auch wir leben, ist natürlich immer größer als ein Teilgesetz, das wir vielleicht gerade beginnen zu erkennen. Der Geist ist größer als das Horoskop.

Daß diese geistige Disziplin der Astrologie, die zwischen Wissenschaft und Kunst angesiedelt werden kann und als eines der ältesten menschlichen Forschungsgebiete gilt, genauso umstritten ist wie andere Wissensgebiete, tut ihrem Wert und ihrer (manchmal nur heimlichen) Anerkennung keinen Abbruch. Ebenso selbstverständlich ist, daß wir auch hier – genausowenig wie in der Psychologie, Soziologie und

selbst in der Physik und anderen »harten« Wissenschaften – nichts blindgläubig übernehmen sollten, was sich nicht für uns bewährt.
In den Heyne Planetenbüchern über Merkur, Venus, Mars, Jupiter, Saturn und die Mondknoten bin ich auf weitere wichtige Grundlagen der Astrologie und auf Erklärungen, warum Astrologie »funktioniert«, näher eingegangen. Das können Sie bei Interesse dort nachlesen.

Was sind Planeten?

Sonne und Mond sind natürlich keine Planeten, sondern streng genommen »Lichter«. Der sprachlichen Vereinfachung halber nennt man sie in der Astrologie aber auch unter den »Planeten«.

Persönliche, soziale und kollektive Planeten

Die vier Gestirne innerhalb des Erdumlaufs um die Sonne werden oft als die »inneren« oder »persönlichen« Planeten bezeichnet, die eine ganz individuelle Bedeutung für den Horoskopinhaber besitzen. Das sind Sonne, Mond, Merkur und Venus. Sie sind die Gestirne unseres Sonnensystems, die sich am schnellsten auf ihren Umlaufbahnen bewegen. Natürlich kreist die Erde um die Sonne und nicht umgekehrt; doch scheint die Sonne von der Erde aus gesehen im Verlauf eines Jahres durch den 360-Grad-Meßkreis der Sternzeichen zu wandern. Der Mond läuft innerhalb von knapp einem Monat einmal um die Erde und damit durch alle Sternzeichen, die Umlaufzeiten von Merkur und Venus betragen 88 bzw. rund 225 Tage.
Die zur Erde noch relativ nahen Gestirne außerhalb des Erdumlaufs um die Sonne beschreibt man auch als »soziale« Planeten. Sie symbolisieren den sozialen Umgang des Menschen in seiner Umwelt. Das sind Mars, Jupiter und Saturn. Die Umlaufzeiten betragen beim Mars knapp zwei Jahre, beim Jupiter rund zwölf Jahre und beim Saturn etwas mehr als 29 Jahre.
Die weiter entfernten Planeten, die übrigens in der Neuzeit alle relativ spät (wieder-?)entdeckt wurden, nennt man »kollektive« oder »überpersönliche« Planeten. Sie symbolisieren für den Menschen unbewußte oder spirituelle Einflüsse. Das sind Uranus, Neptun und Pluto. Ihre Umlaufzeiten sind 84 Jahre beim Uranus, fast 165 Jahre beim Neptun und etwa 249 Jahre beim Pluto.
Je langsamer sich ein Planet auf seiner Umlaufbahn um die Sonne bewegt, desto langsamer erscheint auch von der Erde aus sein Lauf durch die Sternzeichen. Je länger ein Planet in einem Sternzeichen bleibt, desto mehr Menschen haben die gleiche oder ähnliche Planetenstellung im Horoskop. Pluto zum Beispiel bleibt rund 20 Jahre im selben Zeichen.

Die sogenannte Rückläufigkeit von Planeten ergibt sich nur von der Erde aus gesehen. Da der jeweils rückläufige Planet in seinem Umlauf um die Sonne zeitweise langsamer vorankommt als die Erde, scheint er rückläufig. Rückläufigkeit gilt Astrologen, kurz gesagt, entweder als eine Hemmung der betreffenden symbolischen Planetenkraft oder als deren Verinnerlichung.

Planetenfunktion im Verhältnis zu Zeichen, Häusern und Aspekten

Die zehn Planeten Sonne, Mond, Merkur, Venus, Mars, Jupiter, Saturn, Uranus, Neptun und Pluto, die vier »Ecken« oder Achspunkte Aszendent (AC), Deszendent (DC), Himmelsmitte (MC) und Himmelstiefe (IC) und die beiden Mondknoten (der aufsteigende und der absteigende) symbolisieren die Kräfte des Lebens. Sie sind das »was passiert«, »was wirkt«. Es geht um Selbstverwirklichung und Gefühl, um Trieb und Arbeitsfähigkeit etc.
Die zwölf Zeichen des symbolischen Tierkreises geben Aufschluß darüber, »wie« etwas passiert oder wirkt.
Die zwölf Häuser bezeichnen Lebensbereiche, in denen sich die Planetenkräfte bemerkbar machen, also zum Beispiel Beruf, Partnerschaft, Familie usf. Wir kennen heute zwölf Häuser; früher wurde jedoch zunächst einmal nur mit vier Viertel oder »Quadranten« gearbeitet, dann auch zeitweise mit acht Häusern. Jedes System ist prinzipiell brauchbar; stärker gegliederte Systeme erlauben natürlich eine größere Differenzierung der Auslegungen. Die zwölf Häuser zeigen astrologisch an, »wo« etwas passiert, in welchem Lebensfeld.
Aspekte sind besondere Winkelbeziehungen zwischen den Planeten, den Achsen und den rechnerischen Punkten. Die Aspekte, zum Beispiel Opposition, Trigon oder Quadrat, zeigen astrologisch an, in welcher Beziehung die Planetenkräfte zueinander stehen. Gehen Arbeitsfähigkeit und Gefühl Hand in Hand oder stehen sie konträr zueinander? Wirken das Streben nach Selbstfindung und sinnliche Triebe harmonisch zusammen oder sind diese Kräfte verspannt?

Als Schlüsselbegriffe können wir uns merken:
Planeten = Was wirkt oder passiert?
Zeichen = Wie geschieht es?
Häuser = Wo werden die Kräfte spürbar?
Aspekte = Wie wirken die Kräfte aufeinander?

Einteilung des Horoskopbildes

Zur oberen Hälfte des Horoskopkreises, oberhalb der Aszendent-Deszendent-Achse, gehören die Begriffe Tag, Bewußtes, Kopf, Individuum. Zur unteren Hälfte gehören Nacht, Unbewußtes, Körper, Kollektiv.

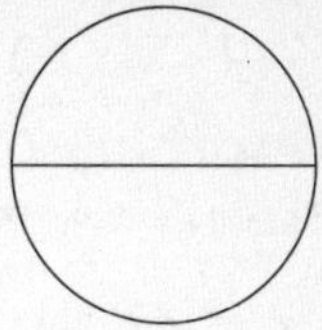

Zur linken Hälfte des Horoskops, links der Mittelachse, die idealtypisch mit der MC-IC-Achse zusammenfällt, zählen die Schlüsselworte Ich und Ich-Bezogenheit; zur rechten Häfte Du und Du-Bezogenheit.

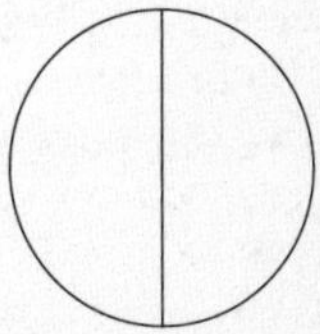

Im I. Quadranten drückt sich das »Ich« und der Trieb aus.
Im II. Quadranten findet sich das »Wir« und der Instinkt.
Im III. Quadranten ist das »Du« und das Denken angesiedelt.
Im IV. Quadranten kommt das »Man« und das Sein zum Ausdruck.

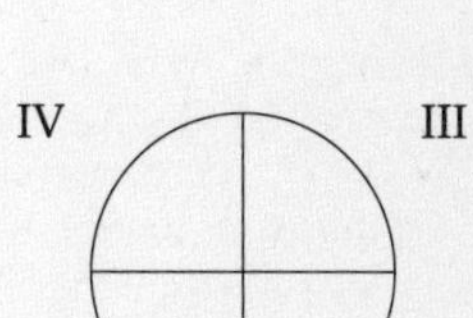

Zu Ihrer Orientierung drucken wir noch eine Übersicht mit den gebräuchlichen Zeichen und Symbolen für die astrologischen Begriffe ab.

Astrologische Symbole der Planeten
Die üblichen graphischen Zeichen für die Planeten bestehen aus wenigen Grundelementen, die in den unterschiedlich gestalteten Planetensymbolen den Wesenskern des jeweiligen Planeten plakativ zum Ausdruck bringen.

Wir finden

Kreis	= Unendliche Ganzheit	○
Halbkreis	= Endliche Begrenztheit	ↄ ∪
senkrechte Linie	= Geistiges Streben	|
waagerechte Linie	= Körperliche Ausdehnung	—
Kreuz	= Verbindung beider Linien	+
Pfeil	= aktives abgewandeltes Kreuz	↗
Punkt	= Lebenswille, Lebenskern	•

in verschiedenen Kombinationen.

Und so sehen die Symbole für die Planeten und Tierkreiszeichen aus:

Sonne	☉	Mars	♂	Neptun	♆
Mond	☽	Jupiter	♃	Pluto	♇
Merkur	☿	Saturn	♄		
Venus	♀	Uranus	♅		

Aufsteigender Mondknoten ☊

Absteigender Mondknoten ☋

Widder	♈	Löwe	♌	Schütze	♐
Stier	♉	Jungfrau	♍	Steinbock	♑
Zwillinge	♊	Waage	♎	Wassermann	♒
Krebs	♋	Skorpion	♏	Fische	♓

(Es gibt bisweilen auch andere Darstellungen, zum Beispiel für Uranus und Pluto. In unserem Sprachraum sind die hier abgebildeten Symbole gebräuchlich.)

Die Planeten und ihre Bedeutungen in Stichworten

Sonne
Betont im Zeichen Löwe und im 5. Haus.
Lebensziel, Selbst, Wesenheit, Lebensschöpfung, Vitalität, Selbstverwirklichung, Bewußtheit, Souveränität; der Mann.
Falls geschwächt: Passivität, Hyperaktivität, Selbstüberschätzung.

Mond
Betont in Krebs und im 4. Haus.
Seelisches, Gefühle, Vertrauen, Hingabe, Beschützendes, Funktionalität, Phantasie, Gemüt, Traum; Mütterliches, die Frau.
Falls geschwächt: Gefühlshemmung, Ungeborgenheit, Launenhaftigkeit.

Merkur
Betont in Zwillinge und Jungfrau sowie im 3. und 6. Haus.
Intellekt, Austausch, Sprache, Nachrichten, Wendigkeit, Lernfähigkeit, Ökonomie, Urteile, zweckgerichtetes Handeln.
Falls geschwächt: Kontaktprobleme, Geschwätzigkeit, Kopflastigkeit oder problematische kommerzielle Einstellungen.

Venus
Betont in Stier und Waage sowie im 2. und 7. Haus. Harmonie oder Harmoniebedürfnis, Sinnlichkeit, Nähe, weibliche Libido, Beziehungsfähigkeit, Zärtlichkeit, Ästhetik, Kunst, Formsinn.
Falls geschwächt: Scheinharmonie, Konsumhaltung, Narzissmus, Trägheit.

Mars
Betont in Widder und im 1. Haus.
Initiative, Energie, Triebkraft, »Yang«-Aspekt der Libido, also drängende oder gebende Liebe. Aktivität, Antrieb, Durchsetzungsfähigkeit und Risikobereitschaft.
Falls geschwächt: Ungeduld, Aggression, Konfliktscheu oder Rücksichtslosigkeit.

Jupiter
Betont in Schütze und im 9. Haus.
Sinnbedürfnis, Optimismus, Glaube, Ganzheitlichkeit, Erkenntnis, Weisheit, Lebenssinn, Optimum.

Falls geschwächt: Überheblichkeit, überzogene Erwartungen, Ausschweifungen.

Saturn
Betont in Steinbock und im 10. Haus.
Sicherheit, Struktur, Integration, Pflichtgefühl, Leistungsbereitschaft, Konzentration, Begrenzung, Verantwortung.
Falls geschwächt: Sturheit, Geiz, Härte, Ängste, Kontrollzwang, Beschränkung.

Uranus
Betont in Wassermann und im 11. Haus.
Intuition, Eingebungen, Originalität, Individualisierung, Erneuerung, Freiheits- und Reformstreben, Veränderungsdrang, Kreativität, Toleranz, Plötzlichkeit.
Falls geschwächt: Angst vor Risiken, Unberechenbarkeit, Exzentrik, Unbeweglichkeit.

Neptun
Betont in Fische und im 12. Haus.
Einfühlung, Hingabe, Ahnungen, Träume, Verschmelzungsbedürfnis, Anteilnahme, grenzüberschreitende Schau, Auflösung, Friede, Meditation, Mystik, Vertrauen, Weichheit.
Falls geschwächt: Illusion, Realitätsflucht, Antriebsschwäche, Opfer-Helfer-Syndrom.

Pluto
Betont in Skorpion und im 8. Haus.
Leitbild, Wandlung, Metamorphose, Überwindung von Ängsten und Zwängen, Machtstreben, Sexualität, Magie, Tod und Wiedergeburt, radikale Umgestaltung.
Falls geschwächt: Abwehr, Machthunger, Fanatismus, Opferrolle, Abhängigkeit vom Kollektiv.

Aufsteigender Mondknoten
Heißt auch »Drachenkopf«. Steht für Zukunftsorientierung, neue Aufgaben, Entwicklungswege, neue karmische Herausforderungen und Chancen.
Nach B. A. Mertz ähnlich wie Jupiter/Sonne.

Absteigender Mondknoten
Heißt auch »Drachenschwanz«. Steht für Vergangenheitsbindungen, Gewohnheitsmuster, Fluchtwege, ungelöstes »altes« Karma.
Nach B. A. Mertz Qualität ähnlich wie Saturn/Mond.

Aszendent-Deszendent-Achse
Die Achse Aszendent-Deszendent ist das persönlichste Element in jedem Horoskop.
Der Aszendent ist jener Punkt im 360-Grad-Meßkreis der Sternzeichen, der im Moment der Geburt im Osten am Horizont aufgeht, betrachtet vom Ort der Geburt.
Der Deszendent ist der »absteigende« Punkt und liegt genau gegenüber.
Alle vier Minuten rückt der symbolische Tiermeßkreis einen Grad auf dem 360-Grad-Rund weiter. Deshalb kann eine auch nur um wenige Minuten falsche Uhrzeitangabe einen großen Unterschied machen. Ein Beispiel dafür: Wenn die Angabe von 4.50 früh zu einem Aszendenten von 28 Grad Zwillinge führt, später aber herauskommt, daß die richtige Uhrzeit 5.10 gewesen ist, so liegt der Aszendent dann bei 3 Grad Krebs.
Der Aszendent (AC) symbolisiert das Ich, das Selbstbild, die »Persona« des Horoskopinhabers.
Der Deszendent (DC) symbolisiert das persönliche Du, die Begegnung mit unmittelbaren Partnern und die eigene Einstellung bzw. die Projektion auf das Du.

MC-IC-Achse
Die MC-IC-Achse geht mehr oder weniger senkrecht durch das Horoskop. Sie richtet sich nach der Geburtszeit und dem Geburtsort, wie die AC-IC-Achse.
MC (Medium Coeli) = Sonnenhöchststand, südlichster Punkt im Horoskop. Äußere Stellung oder Bestimmung im Leben, Erwartungen von Familie oder Gesellschaft. »Man!« Qualität oft wie 10. Haus.
IC (Immum Coeli) = Sonnentiefststand, nördlichster Punkt im Horoskop. Herkunft, innere Heimat oder »Karma«. Gewohnheiten sowie innere Verwirklichung. »Wir!« Qualität oft ähnlich wie 4. Haus.

Was bedeutet der Tierkreis?

Aufteilung der zwölf Zeichen, vier Elemente, drei Motivationen

Bekanntlich, und der führende deutsche Astrologe Bernd A. Mertz macht zu Recht darauf immer wieder aufmerksam, handelt es sich bei den Tierkreiszeichen um einen gedachten, in der Vorstellung »konstruierten« Meßkreis von zwölf Zeichen mit genau jeweils 30° Ausdehnung, die zusammen den 360°-Kreis der astrologischen Zeichen bilden. Die diesem Meßkreis mythologisch zugrunde liegenden Fixsternkonstellationen haben mit dem in der westlichen Astrologie benutzten Tierkreis nichts gemeinsam außer dem Namen. Die Konstellationen verbinden extrem weit auseinanderliegende, in keiner Weise zusammengehörige Fixsterne zu »Sternbildern«, die darüber hinaus sehr unterschiedlich groß sind und keineswegs alle genau 30° betragen. Im übrigen haben sich die Himmelsorte der zwölf Sternbilder, also der Fixsternkonstellationen, die wir am Himmel sehen, durch einen astronomischen Vorgang, den man »Präzession« nennt, um rund 23° gegenüber dem immer gleichen Meßkreis der astrologischen Tierkreiszeichen verschoben. (Mehr darüber zum Beispiel in den Lehrbüchern von B. A. Mertz.)

Die vier Elemente und die Tierkreiszeichen
Feuer: Widder, Löwe und Schütze werden durch das Feuerelement bestimmt. Vom Typ her handelt es sich hier um »extrovertierte Choleriker«. Intuition, Kraft und Aktion sind in diesem Element besonders ausgeprägt.

Erde: Stier, Jungfrau und Steinbock zählen als Erdzeichen. Der Typ des »introvertierten Phlegmatikers« gehört hierher. Schlüsselworte für das Erdelement sind Besitz, Sicherheit und empfindsame Beharrung.

Luft: Zwillinge, Waage und Wassermann werden dem Luftelement zugeordnet. Dafür ist der »extrovertierte Sanguiniker« typisch. Denken, Austausch und Vielseitigkeit sind stark entwickelt.

Wasser: Krebs, Skorpion und Fische sind astrologisch betrachtet Wasserzeichen. Der Typ des »introvertierten Melancholikers« bezeichnet dieses Element am besten. Fühlen, Anpassung und Phantasie sind ausgeprägte Merkmale dieses Elements.

Die drei Motivationen und die zwölf Zeichen
Widder, Krebs, Waage und Steinbock gehören zu den »kardinalen Zeichen«. Ihre Grundausrichtung ist aufbauend, formend, schöpferisch und richtungweisend.

Stier, Löwe, Skorpion und Wassermann sind »feste Zeichen«. Ihre Motivation ist fixierend, konzentriert, beharrlich und stabilisierend.

Zwillinge, Jungfrau, Schütze und Fische nennt man »veränderliche Zeichen«. Ihre Ausrichtung ist vor allem beweglich, lebhaft, ideenreich und anpassungsfähig.

Kernaussagen zu den zwölf Zeichen

Widder – Motto: »Ich mache!«
Antrieb durch den Willen, Dynamik, Durchsetzung, Tatkraft, Pioniergeist, Impulsivität, Ungeduld, Draufgängertum, Begeisterungsfähigkeit.
Besondere Beziehung zu Mars und zum 1. Haus.

Stier – Motto: »Ich erwerbe!«
Stoffliche Grundlagen, Sinnesfreude, Genuß, Realismus, Sicherheitsstreben, materielle Ausrichtung, Kraftreserven, Starrheit, Trägheit, Aufnahmefähigkeit.
Besondere Beziehung zu Venus und zum 2. Haus.

Zwillinge – Motto: »Ich kommuniziere!«
Beweglicher Geist, Austausch, Beweglichkeit, Kontaktfreude, Neugier, Vielseitigkeit, Reizhunger, Oberflächlichkeit, Anpassungsvermögen.
Besondere Beziehung zu Merkur und zum 3. Haus.

Krebs – Motto: »Ich fühle!«
Das seelisch Schöpferische, Fürsorglichkeit, Anschmiegsamkeit, Phantasie, Schutzbedürfnis, Unselbständigkeit, Launenhaftigkeit, Einfühlungsvermögen.
Besondere Beziehung zu Mond und zum 4. Haus.

Löwe – Motto: »Ich will!«
Konzentration des Willens, Lebensfreude, Selbstbewußtsein, Risikobereitschaft, Wärme, Kreativität, Eitelkeit, Selbstherrlichkeit, Beschützungsvermögen.
Besondere Beziehung zu Sonne und zum 5. Haus.

Jungfrau – Motto: »Ich analysiere!«
Stoffliche Grenzen, Konzentration auf Wesentliches, Nutzstreben, Arbeit, Vernunft, Gründlichkeit, Ordnungsliebe, Pedanterie, Kritik, Unterscheidungsvermögen.
Besondere Beziehung zu Merkur und zum 9. Haus.

Waage – Motto: »Ich gleiche aus!«
Lenkender Geist, Charme, Geselligkeit, Diplomatie, Harmoniestreben, Ausgewogenheit, Bequemlichkeit, Konfliktscheu, Verbindungsfähigkeit.
Besondere Beziehung zu Venus und zum 7. Haus.

Skorpion – Motto: »Ich engagiere mich!«
Träger seelischer Spannungen, Leidenschaftlichkeit, Transformationsprozesse, Instinkt, (Selbst-)Kritik, Extremismus, Defensive, Widerstandsfähigkeit.
Besondere Beziehung zu Pluto und Mars und zum 8. Haus.

Schütze – Motto: »Ich suche!«
Zielgerichteter Wille, Idealismus, geistige Ordnung, Freiheitsstreben, Expansion, Arroganz, missionarischer Dogmatimus, Zielstrebigkeit.
Besondere Beziehung zu Jupiter und zum 9. Haus.

Steinbock – Motto: »Ich leiste!«
Das stofflich Bewegende, Pflichtgefühl, Ehrgeiz, Belastbarkeit, Ausdauer, Starrköpfigkeit, Härte, Verantwortungsbewußtsein.
Besondere Beziehung zu Saturn und zum 10. Haus.

Wassermann – Motto: »Ich finde!«
Ordnung des Geistes, Ideenreichtum, Originalität, Reformbestrebungen, Provokationslust, Realitätsferne, Kühle, Individualismus.
Besondere Beziehung zu Uranus und zum 11. Haus.

Fische – Motto: »Ich glaube!«
Seelische Anteilnahme, Hilfsbereitschaft, Hingabe, Medialität, Mystik,

Beeinflußbarkeit, Illusionen, Suchtgefährdung, Einfühlungsvermögen. Besondere Beziehung zu Neptun und zum 12. Haus.

Diese Schlüsselbegriffe zu den Tierkreiszeichen gründen sich auf von mir bearbeiteten Texten der Astrodata-Horoskopkarten, die ich zusammen mit der Züricher Astrologin Monica Kissling entwickelt habe und auf die im Anhang gesondert hingewiesen wird.

Die Differenzierung der drei Dekaden

Die Gliederung der 30°-Abschnitte der Zeichen des symbolischen Tierkreises in drei »Dekanate«, also Unterabschnitte von jeweils 10°, hilft, besser zu verstehen, warum zum Beispiel Mars im Krebs nicht gleich Mars im Krebs ist. Wie sich die Planetenkräfte auswirken, wird nicht nur durch das Zeichen allgemein bestimmt, sondern speziell auch durch die »Färbung« des jeweiligen Zeichenabschnitts, in dem sich der betreffende Planet befindet.
Halten wir uns zunächst vor Augen, daß unter den zwölf Tierkreiszeichen vier Elemente vertreten sind, nämlich Feuer = Kraft, Erde = Beharrung, Luft = Austausch und Wasser = Anpassung.
Widder, Löwe und Schütze sind Feuerzeichen. Ihre jeweiligen »Planetenherrscher« sind Mars, Sonne und Jupiter.
Stier, Jungfrau und Steinbock sind Erdzeichen; ihre Herrscher sind Venus, Merkur und Saturn.
Zwillinge, Waage und Wassermann sind Luftzeichen. Sie werden jeweils von Merkur, Venus und Uranus »regiert«.
Krebs, Skorpion und Fische sind Wasserzeichen, die jeweils von Mond, Pluto und Neptun beherrscht werden.
Die 1. Dekade eines Zeichens – also von 1° bis 10° – wird vom »Planeten-Herrscher« dieses Zeichens bestimmt. Die 2. Dekade – von 10° bis 20° – wird vom Planetenherrscher des nächsten Zeichens in der jeweiligen Elemente-Dreiheit beeinflußt. Die 3. Dekade schließlich wird vom Planetenherrscher des 3. Zeichens der jeweiligen Elemente-Dreiheit »regiert«. Daraus ergibt sich folgende Übersicht.

Widder	1°–10°	= Die Marskraft wirkt in diesem Abschnitt.
Widder	10°–20°	= Die Sonnenkraft ist hier besonders spürbar.
Widder	20°–30°	= Die Jupiterkraft beeinflußt diesen Abschnitt.
Stier	1°–10°	= Die Venuskraft ist hier deutlich ausgeprägt.

Stier	10°–20°	= Die Merkurkraft ist in diesem Abschnitt stark.
Stier	20°–30°	= Hier macht sich die Saturnkraft bemerkbar.
Zwillinge	1°–10°	= Die Merkurkraft ist stark.
Zwillinge	10°–20°	= Die Venuskraft herrscht vor.
Zwillinge	20°–30°	= Die Uranuskraft ist ausgeprägt.
Krebs	1°–10°	= In diesem Abschnitt ist die Mondkraft spürbar.
Krebs	10°–20°	= Hier überwiegt die Plutokraft.
Krebs	20°–30°	= Einfluß durch die Neptunkraft.
Löwe	1°–10°	= Die Sonnenkraft wirkt hier besonders.
Löwe	10°–20°	= Die Jupiterkraft macht sich bemerkbar.
Löwe	20°–30°	= Die Marskraft wird hier spürbar.
Jungfrau	1°–10°	= Deutlicher Vorrang von Merkurkraft.
Jungfrau	10°–20°	= Merklicher Einfluß von Saturnkraft.
Jungfrau	20°–30°	= Spürbare Wirkung von Venuskraft.
Waage	1°–10°	= In diesem Abschnitt wirkt Venuskraft.
Waage	10°–20°	= Hier herrscht Uranuskraft vor.
Waage	20°–30°	= In diesem Abschnitt ist Merkurkraft deutlich.
Skorpion	1°–10°	= Einfluß durch Plutokraft.
Skorpion	10°–20°	= Vorrang von Neptunkraft.
Skorpion	20°–30°	= Wirkung von Mondkraft.
Schütze	1°–10°	= Hier macht sich Jupiterkraft bemerkbar.
Schütze	10°–20°	= In diesem Abschnitt herrscht Marskraft.
Schütze	20°–30°	= Sonnenkraft wirkt hier spürbar.
Steinbock	1°–10°	= Saturnkraft regiert diesen Abschnitt.
Steinbock	10°–20°	= Hier überwiegt Venuskraft.
Steinbock	20°–30°	= In diesem Abschnitt herrscht Merkurkraft.
Wassermann	1°–10°	= Uranuskraft regiert in diesem Dekanat.
Wassermann	10°–20°	= Merkurkraft wirkt auf dieses Dekanat.
Wassermann	20°–30°	= Venuskraft herrscht hier vor.
Fische	1°–10°	= In diesem Abschnitt hat Neptunkraft Vorrang.
Fische	10°–20°	= Hier wirkt sich Mondkraft aus.
Fische	20°–30°	= Plutokraft wird spürbar.

An zwei Beispielen im Telegrammstil möchte ich Ihnen zeigen, wie sich die Berücksichtigung der Planetenkräfte, die in besonderer Weise auf ein bestimmtes Dekanat eines Zeichens wirken, in der Deutung niederschlagen könnte.

Mars im 1. Dekanat Krebs: Energie und Gefühlskraft (Mond)
Mars im 2. Dekanat Krebs: Energie und Machtstreben (Pluto)
Mars im 3. Dekanat Krebs: Energie und Verschmelzung (Neptun)

Mond im 1. Dekanat Steinbock: Gefühl und Prüfung (Saturn)
Mond im 2. Dekanat Steinbock: Gefühl und Harmoniestreben (Venus)
Mond im 3. Dekanat Steinbock: Gefühl und Verstand (Merkur)

Meiner persönlichen Auffassung nach sind die Dekanatseinflüsse durch die verschiedenen Planetenkräfte bei den individuellen »Schnelläufern« Sonne, Mond, Merkur, Venus, Mars sowie AC-DC und MC-IC offensichtlicher und spürbarer als bei den »Generationsplaneten« Jupiter, Saturn, Uranus, Neptun und Pluto.
Zusammenfassend können wir festhalten: das »Was«, die Kraft eines Planeten in einem Zeichen, welches das »Wie« charakterisiert, wird teilweise auch durch die Planetenkraft mit beeinflußt, die der Dekade entspricht, in welcher der Planet steht.

Eine Feinabstimmung in zwölf Unterabschnitten

Jedes Zeichen ist nach antiker Tradition nicht nur in drei Dekanate zu jeweils 10° unterteilt, sondern noch stärker gegliedert, nämlich in zwölf Unterabschnitte von jeweils 2,5°. In jedem Zeichen ist auch der gesamte Tierkreis ähnlich »angelegt«, wie in jeder Zelle eines Organismus die genetische Information des ganzen Körpers enthalten ist.
Die ersten 2,5° sind also zusätzlich zur eigentlichen Charakteristik des jeweiligen Zeichens durch Merkmale des Zeichens Widders »gefärbt«, die zweiten 2,5° durch das Zeichen Stier, und so fort bis zum letzten Abschnitt, der zusätzlich zur Eigencharakteristik auch vom Zeichen Fische gefärbt wird. Als Erleichterung zum Nachschlagen wieder eine Übersicht.

0° – 2,5° = Widdermerkmale
2,5°– 5° = Stierfärbung
5° – 7,5° = Zwillingecharakteristik

7,5°–10°	= Krebstönung
10° –12,5°	= Löwefärbung
12,5°–15°	= Jungfraumerkmale
15° –17,5°	= Waagetönung
17,5°–20°	= Skorpioncharakteristik
20° –22,5°	= Schützefärbung
22,5°–25°	= Steinbockmerkmale
25° –27,5°	= Wassermanncharakteristik
27,5°–30°	= Fischetönung

Wieder zwei Beispiele. Ein Aszendent bei 1° Jungfrau sollte nicht nur nach dem Zeichen Jungfrau = analytisch, ordentlich, mental wach etc. – gedeutet werden, sondern wir sollten auch bedenken, daß die vorwärtsdrängende, mutige, pionierhafte und bisweilen ungeduldige Widdercharakteristik das Rollenspiel dieses Menschen färben kann.
Eine Sonne bei 24° Löwe wird sich keineswegs so glänzend darstellen, wie wir es vielleicht bei diesem Sonnenstand erwarten würden. Vielmehr beeinflussen Steinbockmerkmale das Selbstgefühl so, daß man meint, sich alles schwer erarbeiten und meist öffentliche Anerkennung entbehren zu müssen.
Sie haben mit dieser Einteilung eine interessante Methode und ein zusätzliches Instrument, um sich und andere Menschen astrologisch noch besser zu verstehen. Sicher macht es Ihnen auch Spaß, einzelne Planeten daraufhin zu untersuchen, in welches Dekanat und in welchen Unterabschnitt sie fallen. Lesen Sie die Schlüsselworte nach und »experimentieren« Sie mit den sich ergebenden Deutungskombinationen. Nehmen Sie dabei nichts ungeprüft an, und verlassen Sie sich eher auf Ihr eigenes Urteil als auf allgemeine Interpretationsregeln.

Was stellen die zwölf Häuser dar?

Allgemeine Deutungen

Die zwölf Häuser oder Felder sollen im Rahmen der Horoskopdeutung die Frage nach dem Lebensbereich beantworten, in dem sich Kräfte (Planeten) auf eine typische Weise (Zeichen) auswirken. Während die Planeten also die Kräfte symbolisieren, das »Was«, und die Zeichen die charakteristische Färbung, das »Wie«, bezeichnen die Häuser das »Wo«, in dem sich »Was« und »Wie« abspielt. Sie geben Aufschluß darüber, in welchem Lebensbereich des Alltags sich die Kräfte auswirken. Die Häuserstellung hängt vom möglichst minutengenau festgestellten Zeitpunkt sowie dem Ort der Geburt ab. Danach werden der sogenannte Aszendent und die zwölf Häuser errechnet. Wenn Sie Ihren Aszendenten und die Häuserstellungen noch nicht wissen, können Sie eine Ausrechnung bei einem astrologischen Computerdienst anfordern. Dazu finden Sie ein Bestellformular am Ende des Buches.
Die Kurzdeutungen zu den zwölf Häusern lehnt sich an die Texte für die Astrodata-Horoskopkarten an, die der Verfasser mitentwickelt hat. Hinweise dazu siehe ebenfalls im Anhang.

1. Haus
Thema: »Wie trete ich auf?«
Ich, Persönlichkeit, Rollenspiel, Selbstdarstellung, aber auch die »Maske«, die körperliche Erscheinung und unsere physische Vitalität werden von diesem Haus symbolisiert. Die Anlagen des Menschen und die Gegenwart des Lebens, die Art und Weise, etwas anzugehen, stehen im Mittelpunkt. Dieses Haus hat auch einen Bezug zum Zeichen Widder sowie zum Planeten Mars.

2. Haus
Thema: »Was sind meine Werte?«
Eigentum, Besitz und Werte, sowohl innere, geistige als auch äußere, materielle, sind in diesem Haus angesprochen. Talente, das Selbstwertgefühl, die verfügbaren Mittel, unsere stärksten Wünsche und Begabungen sowie Geldangelegenheiten, das Geben und Nehmen allgemein, spielen eine Rolle. Hier gibt es Verbindungen zum Zeichen Stier und zum Planeten Venus.

3. Haus
Thema: »Wie gehe ich mit Aufmerksamkeit um?«
In diesem Haus dreht sich alles um den Werdegang, die nähere Umgebung, um Nachbarn, Geschwister. Auch kurze Reisen und Briefe, Kommunikation allgemein, und somit auch Wissen und Sprache sind wichtig. Vielseitigkeit, Einstellung auf die Umwelt, Alltag sind weitere Schlüsselworte. Das Zeichen Zwillinge und der Planet Merkur spielen für das dritte Haus eine wichtige Rolle.

4. Haus
Thema: »Wo finde ich Geborgenheit?«
Unsere Wurzeln, das »Wir«, die Familie, die geographische oder spirituelle Herkunft, der biologische oder geistige Ursprung, unsere Kindheit, Tradition, die innere oder äußere Heimat, Heim, Haus, Innenleben, Privatbereich, Grundbesitz, der Lebensabend, unsere Vergangenheit und auch die Eltern gehören zum Themenkreis dieses Hauses. Es gibt eine starke Beziehung zum Zeichen Krebs und zum Mond.

5. Haus
Thema: »Wie lebe ich schöpferisch?«
Zu diesem Lebensfeld zählen (Er-)Zeugung, Lebensfreude, Kinder, Kreativität, Erotik, romantische Liebe und Affären, Liebhabereien, Spiel, Freizeit, Spekulation. Hier haben wir es mit einer besonderen Verbindung zum Zeichen Löwe und zur Sonne zu tun.

6. Haus
Thema: »Wo mache ich mich dienlich?«
In diesem Haus versuchen Astrologen Hinweise auf Arbeit, Arbeitsplatz, Alltag, Existenzsicherung, sozialen Dienst, Notwendigkeit zur Anpassung, Gesundheit, Ernährung, Dienen und auch Prüfungen zu erkennen. Das Zeichen Jungfrau und der Merkur gehören hierhin.

7. Haus
Thema: »Bei wem finde ich meine Ergänzung?«
In diesem »Partnerhaus«, das am Deszendenten, also gegenüber dem Aszedenten, liegt, stehen folgende Kernbereiche des Lebens im Mittelpunkt: das persönliche »Du«, sowohl in der intimen Partnerschaft als auch in anderen, familiären oder beruflichen sowie freundschaftlichen Beziehungen, das Zusammenleben mit einem anderen Menschen schlechthin, die Suche nach Ergänzung, Du-Bezogenheit, die 1. Ehe,

auch persönliche Abhängigkeiten und Verträge aller Art, die zwischen zwei Personen geschlossen werden. Das Zeichen Waage und der Planet Venus gehören zu diesem Haus.

8. Haus
Thema: »Wie muß ich mich wandeln?«
Das ewige »Stirb und Werde« findet in diesem Haus seinen archetypischen Ausdruck, die Ich-Krise, Tod und Wiedergeburt, Verluste oder das, was wir dafür halten, Prüfungen, auch Regneration, Erbe, gemeinsamer Besitz bzw. Verbindlichkeiten sowie Investitionen, aber auch Sexualität und Macht gelten als wesentliche Schlüsselworte für das 8. Haus. Das Zeichen Skorpion und der Transformationsplanet Pluto sind ihm verwandt.

9. Haus
Thema: »Wo finde ich meinen Sinn?«
Ideale und geistige Ziele, neue Horizonte, Religion, Gottesbild, Wahrheitssuche, Freiheitsstreben, Gesetz, große Projekte, fernes Ausland, ein weit gespannter Austausch, bisweilen auch dogmatische Tendenzen finden in diesem Haus ihren Niederschlag. Die 2. Ehe wird nach dem 9. Haus gedeutet. Hier gibt es auch eine besondere Beziehung zum Zeichen Schütze und zum Planeten Jupiter.

10. Haus
Thema: »Wie werde ich erfolgreich?«
Idealtypisch fällt der MC und der Zenith, die »Himmelsmitte«, in das zehnte Haus. Damit ist der außen sichtbare »Erfolg«, unser Beruf und die Berufung, unsere persönliche Entfaltung, das öffentliche Auftreten bzw. die Öffentlichkeit, Autorität und unsere Karriere, Selbstverwirklichung in der Gesellschaft, Prestige, Anerkennung und Stellung gekennzeichnet. Es gibt eine starke Beziehung zum Zeichen Steinbock und zum Planeten Saturn.

11. Haus
Thema: »Wo finde ich Inspiration?«
In diesem Abschnitt geht es um unsere Hoffnungen und Wünsche, um den Freundeskreis, Gruppen bzw. die Gemeinschaft allgemein, aber auch um die Spannung zwischen persönlicher Freiheit und sozialem Denken, um Reformstreben und Zukunftsvisionen, um den »Zeitgeist«. Man deutet eine 3. Ehe nach diesem 11. Haus. Das Zeichen Wassermann und der Planet Uranus sind diesem Lebensfeld verwandt.

12. Haus
Thema:« Wie finde ich Erlösung?«
Im 12. Haus finden wir einen symbolischen Abschluß, die Vollendung einer Lebensphase. Damit steht es für die Innenwelt, das Jenseits, für Verborgenes, für Mystik und Meditation, aber auch das Gebet. Es geht sowohl um die Auflösung von Grenzen als die Sehnsucht nach Verschmelzung, um Opferbereitschaft, um »Rückzug« in die Stille. In diesem Haus wird auch der Keim für die Zukunft gelegt, und es gilt manchmal im Geburtshoroskop als Bereich des Karmas, das Grundlage für dieses Leben ist. Traditionell kommt das 12. Haus bei vielen Astrologen schlecht weg als Bereich der Schatten, Behinderungen und verborgenen Feinde. Eine einseitige Negativbesetzung halte ich für fragwürdig. Das Zeichen Fische und der Planet Neptun besitzen eine besondere Beziehung zum 12. Haus.

Die 1., 4., 7. und 10. Häuser kann man analog den drei Motivationen oder Grundausrichtungen bei den zwölf Tierkreiszeichen auch als »aufbauende« Häuser bezeichnen. Sie beziehen sich auf Bereiche des Lebens und persönlichen Einsatzes, in denen es um aktiven Neuanfang und schöpferischen Aufbau geht.
Die 2., 5., 8. und 11. Häuser symbolisieren in dieser Systematik Lebensfelder, in denen wir unsere Tätigkeiten und Interessen vertiefen und bewahren.
In den 3., 6., 9. und 12. Häusern geht es dann um Besinnung, Vollendung und möglicherweise Vorbereitung zur Veränderung oder Auflösung.

Das Problem der verschiedenen Häusersysteme

Es gibt unterschiedliche Methoden, wie man Häuser berechnet. Allen gleich ist lediglich die Angabe für die beiden Hauptachsen Aszendent-Deszendent und MC-IC. Die meisten Häusersysteme ergeben »inäquale = ungleiche« Häuser; manche Häuser können ganz klein sein und umfassen vielleicht nur 5°, andere sind ziemlich groß und umspannen möglicherweise sogar 65°. Vor allem in nördlichen Breiten, bereits auf der Höhe von Oslo zum Beispiel, kommt es zu solchen Verzerrungen der Häusergrößen.
Nach der traditionellen Bewertung der zwölf Häuser als typische Lebensbereiche hieße das dann, daß Menschen mit einem solchen Horoskop vielleicht ein winziges Partner- oder Berufshaus, ein riesiges Ge-

sundheits- oder Selbstfindungshaus haben usw. Daraus ergibt sich weiterhin, daß Planeten nur eine geringe »Chance« haben, in die Minihäuser zu fallen, während die Maxihäuser voller Planetenakzentuierungen sein können.
Weiter kann ich an dieser Stelle nicht in diese umstrittene Thematik einsteigen; aber aus dem Gesagten sowie einer Reihe weiterer Argumente ergibt sich für den Verfasser, daß es am meisten Sinn macht, mit »äqualen = gleich großen« Häusern zu arbeiten. Dabei ist jedes Haus 30° groß. Diese Meinung vertritt mit eine Fülle fundierter Begründungen übrigens auch Bernd A. Mertz (siehe auch Literaturhinweise im Anhang).
Johannes Vehlow meinte darüber hinaus übrigens, daß der Aszendent nicht der Anfang des ersten Hauses ist, sondern die Mitte bestimmt. Er sah alle sogenannten Häuserspitzen als Markierungen der jeweiligen Häusermitte, so daß sich danach das Haus also jeweils 15° links und rechts von dieser Markierung erstreckt.
Ich arbeite also mit gleich großen Häusern von jeweils 30°. Und wenn ein Planet zum Beispiel 2–3° über dem Aszendenten steht und ein anderer 2–3° vor dem MC, bewerte ich diese Planeten als wirksam auf das 1. Haus und nicht das 12., bzw. auf das 10. Haus und nicht auf das 9.

Aber wie immer: Bitte experimentieren Sie selbst und gewinnen Sie eigene Erfahrungen, damit Sie sich im Laufe der Zeit ein selbständiges Urteil bilden können.

Die »dreifache Häusereinteilung« mit den »Sonnenhäusern«

Altmeister Johannes Vehlow benutzte und propagierte die sogenannte »dreifache Häusereinteilung«. Dabei wird das Horoskop auf drei Häusereinteilungen hin gedeutet:
1. Das normale Häusersystem, bei dem der Aszendent das erste Haus bestimmt, und dann in einem 30°-Abstand alle weiteren bis zum 12. Haus folgen.
2. Das »mundane« Häusersystem, bei dem das Zeichen Widder gleichzeitig das 1. Haus ist, Stier das 2., und so fort bis zu den Fischen, die das 12. Haus kennzeichnen.
3. Die »Sonnenhäuser«, wobei die Sonne die Mitte des 1. Hauses markiert. Vom Sonnenstand ausgehend addiert man jeweils 30° und erhält so die Mitte des 2. Hauses, und so fort, bis zum 12. Haus.

Die dreifache Häusereinteilung erfüllt mehrere Zwecke. Zum einen »erhärten« sich Aussagen, wenn sie nicht nur nach einem, sondern nach zwei oder gar drei Einteilungen eine Bestätigung finden. Zum anderen dienen die Mundanhäuser und die Sonnenhäuser auch in den Fällen, in denen der Aszendent nicht bekannt ist, etwa weil die Angabe der Geburtszeit fehlt.
Sehen wir uns ein Beispiel an:
Die Sonne steht bei 10° Waage, der Aszendent bei 2° Fische.
Der Mond soll in diesem Beispiel bei 5° Stier stehen.

Das 1. Haus nach der üblichen Berechnung beginnt mit dem Aszendenten bei 2° Fische und geht im äqualen System bis 2° Widder. Das 2. Haus reicht von 2° Widder bis 2° Stier. Und so weiter, bis zum 12. Haus, das bei 2° Wassermann beginnt und bei 2° Fische endet.
Das 1. Sonnenhaus erstreckt sich von 10° Waage bis 10° Skorpion.
Das 2. Sonnenhaus geht von 10° Skorpion bis 10° Schütze. Und so fort bis zum 12. Sonnenhaus, das von 10° Jungfrau bis 10° Waage reicht.
Nach der Mundaneinteilung ist das 1. Haus mit dem Abschnitt Widder identisch, das 2. Haus mit dem Abschnitt Stier, und so fort bis zum 12. Haus, das sich über den Abschnitt Fische erstreckt.
Nach der üblichen Häuserberechnung steht der Mond am Anfang des 3. Hauses, das ja mit 2° Stier beginnt.
Nach der Einteilung nach Sonnenhäusern kommt der Mond ins 7. Haus.
Und der Mond fällt in diesem Beispiel in das 2. Mundanhaus, das mit dem Abschnitt Stier identisch ist.
Der Mond müßte also nach der »dreifachen Häusereinteilung« dreifach gedeutet werden – als wirksam für Angelegenheiten des 3. 7. und 2. Hauses. Es würde sich also um Gefühle und Empfindungen handeln, die durch die nähere Umwelt, den Alltag und durch Nachbarn oder Geschwister beeinflußt werden (3. Aszendentenhaus). Dieses Seelenleben ist indes vom Lebenskern der Persönlichkeit, vom Streben nach Selbstverwirklichung her auf eine Erfüllung bzw. Ergänzung in einer persönlichen Partnerschaft gerichtet (7. Sonnenhaus). Rein äußerlich betrachtet, zum Beispiel aus der Sicht Unbeteiligter, schlägt sich das Gefühlsleben indes im Bereich von Werten oder Besitz bzw. Geldangelegenheiten nieder (2. Mundanhaus).
Falls man den Mond in einer Deutungsvariante auf die Mutter bezieht, wären in diesem Beispiel u. a. folgende Überlegungen anzustellen: Die Mutter betrachtet(e) den Horoskopinhaber vor allem durch die Brille der Nachbarn bzw. Umwelt, obwohl sich das Kind nach einer direkten

persönlichen Beziehung sehnte, ohne Umwege über »Dritte«; als Beweis von Zuwendung galt finanzielle Unterstützung.
Wohlgemerkt, das sind konstruierte und isolierte Kurzinterpretationen, die nur dazu dienen, die Chancen einer Deutung nach der dreifachen Häusereinteilung exemplarisch aufzuzeigen.

Neptun in der astrologischen Deutung

Der Planet Neptun symbolisiert in der Astrologie die Kraft der Einfühlung, der Phantasie, der Vorstellungen, der Meditation und der Mystik, der Transzendenz schlechthin. Mit Uranus bildet er ein Paar, ähnlich wie Jupiter und Saturn. Ein Jupiter-Kernsatz lautet »Ich entwickle mich durch Expansion und Aufnahme«, das entsprechende Saturn-Wort heißt »Ich entwickle mich durch Konzentration und Aufgabe«. Beim Uranus/Neptun-Paar sind Schlüsselgedanken »Ich befreie das Ich von Begrenzungen« und »Ich löse meine Ich-Grenzen auf«. Während Uranus voller Spannung aktiv agiert, läßt sich Neptun entspannt und eher reagierend auf Situationen ein. Daß mit den Bemerkungen zu den Paaren Jupiter/Saturn und Uranus/Neptun keinerlei Wertung verbunden ist, versteht sich von selbst. Für die Meditation ist neptunisch-gelöste Entspannung vom Ego hilfreich; wenn in einer schwierigen Situation blitzschnell geholfen werden muß, ist die uranische Reaktionsfähigkeit gefordert. Wir brauchen im Leben alle Komponenten menschlicher Verhaltensweisen, jede zu ihrer Zeit und am richtigen Ort.

Neptun ist die höhere Oktave des Planeten Venus, beide sind miteinander »verwandt«. Gleiches gilt übrigens für Merkur-Uranus und Mars-Pluto. Venus stellt astrologisch die Sehnsucht nach Liebe, Liebesfähigkeit, Sinn für Schönheit und Harmonie, Ästhetik und das Bedürfnis nach Ausgleich dar. Neptun repräsentiert den Wunsch nach Auflösung von Begrenzungen – des Ichs, der Gesellschaft, der Körperlebens –; die Sehnsucht nach Liebe wird zum Wunsch nach Verschmelzung, nach totalem Aufgehen im Ideal. Uranus bringt ein erstes intuitives Aufblitzen kosmischer Zusammenhänge, Neptun lädt zum direkten Erleben und zur unmittelbaren Teilhabe an den verborgenen Kräften der Schöpfung ein. Neptun symbolisiert das kosmische Bewußtsein der allumfassenden Einheit, der »unio mystica«, der mystischen Vereinigung zwischen Einzelbewußtsein und Schöpfergeist. Damit verkörpert Neptun auch Versenkung in Phantasien und Traumgeschehen, in Kontemplation und Meditation, ins Bewußtsein der Seele und ihre außerkörperliche, »jenseitige« Wirklichkeit. Die Kehrseite dieser verheißungsvollen Medaille sind Illusionen, Wolkenkuckucksheime, Weltfremdheit und Weltflucht, künstlich und trügerisch stimulierte sinnliche und außersinnliche Erfahrungen durch Alkohol,

Drogen oder gewisse körperliche und mentale Praktiken. Während Uranus für plötzliche und unerwartete gewaltige Kraftentladungen steht, wie zum Beispiel Blitze, symbolisiert Neptun langsame, allmähliche Entwicklungen, die zwar letztlich genauso »mächtig« sind, aber durch ihr unmerkliches Herannahen anfangs überhaupt nicht richtig wahrgenommen werden. Ein gutes Beispiel, auch aus dem Reich der Natur, ist die sehr langsame, aber stetige Flut der Meere. Wer sich nicht mit den Gezeiten auskennt und sich trotz nahender Flut zu weit ins flache Watt hinauswagt, wird leicht vom fast unscheinbaren Anstieg der Flut überrascht und findet sich mit einem Mal inmitten einer »Wasserwüste«, aus der es kein einfaches Entrinnen mehr gibt.
Kommen wir nun zu einer mehr tabellarischen Übersicht der astrologischen Entsprechungen des Neptun.

Neptunprinzipien und -qualitäten
Aufhebung von Raum und Zeit, Auflösung der Ich-Grenzen, Aufopferung, Menschen- und Gottesliebe, Unklarheiten, Illusionen, Täuschungen, nebelhaftes Chaos, Hellfühligkeit jeder Art, Medialität, Spiritualität; jedoch auch Intrigen, Geheimgesellschaften, rätselhaftes Verschwinden von Menschen oder Gegenständen, und, laut Manly Palmer Hall, »Rufschädigung durch Frauen«.
Neptun gilt als passiv, weiblich, wäßrig, kühl, magnetisch, ideell gestimmt, sensibel, sensitiv, inspiriert, indifferent. Neptun hat in reiner Form ein phlegmatisch-melancholisches Temperament und eine lymphatisch-sanguinische Konstitution.

Neptunisch gefärbte Berufe
Pychologen und Psychiater, Heilberufe, Medien, Künstler, Musiker, kirchliche Berufe, Weltverbesserer (falls das ein Beruf ist), Vertreter humanitärer Anliegen und Institutionen; laut Vehlow auch Berufe, die mit alkoholischen »Wassern« zu tun haben, sowie Menschen, die mit Betäubungsmitteln aller Art umgehen.

Typische Neptunorte
Meere, Inseln, unterirdische Gewässer, Moore und Sumpfgebiete; Kraftorte und Tempel; Orte bzw. Gebäude, die der Meditation (im negativen Fall auch der Magie) dienen; Heilorte.

Edelsteine, Metall, Farbe
Bergkristall, Chalcedon, Mondstein, Zitrin, Opal, alle irisierenden Steine; Aluminium; Silberblau.

Tiere und Pflanzen
Muscheln, Tintenfische, Chamäleon, Schnabeltier, Waran, Paradiesvogel, Giraffe, Wal; u. a. Pflanzen, die Rauschzustände oder visionäre Ekstasen bewirken, zum Beispiel Peyote und Haschisch.

Sonstige Entsprechungen
Als Wochentag der Freitag (der ja sonst auch der Venustag ist); die Zahlen 6 und 11; der süßliche und betäubende sowie der scharfbittere Geschmack.

Symbolik
Je nach Darstellung kommt im graphischen Zeichen für den Neptun mehr der mythische Dreizack des Poseidon zur Geltung oder die Mondsichel und das Kreuz. Die nach oben offene, liegende Mondsichel repräsentiert die Bereitschaft, etwas aus höheren Dimensionen zu empfangen; das Kreuz stellt die Bedingtheit des Menschen durch Raum und Zeit, die Verkörperung des Geistigen dar.

Charakter und Schicksal
Ein bewußt lebender Mensch mit einem stark gestellten Neptun im Horoskop wird die Neptunkraft anders erleben als ein weniger entwickelter Mensch. »Stark gestellt« ist der langsamlaufende Planet Neptun dann, wenn er in Konjunktion, Opposition oder Quadrat zu einem oder mehreren der folgenden Faktoren steht: Sonne, Mond, Merkur, Venus, Aszendent, Deszendent, Medium coeli und/oder Imum coeli. Unter Umständen kann man auch den Trigon- und den Sextilaspekt dazuzählen.
Ein harmonischer Neptuncharakter zeichnet sich aus durch Einfühlungsvermögen, Vorstellungskraft, Inspiration, künstlerische Neigungen, guten Geschmack, Hilfsbereitschaft, Großzügigkeit, Hingabefähigkeit für Menschen in Not und echte Ideale, spirituelle Öffnung, Fähigkeit, nach »innen« zu hören, und Wertschätzung von Meditation. Ein faszinierendes Wesen und sowohl romantische als auch prophetische Züge gehören ebenfalls hierher.
Ein disharmonischer Neptuncharakter ist oft unpraktisch, launisch, überempfindlich, schwärmerisch, pessimistisch, beeinflußbar, scheinheilig, chaotisch; er neigt zu Heimlichkeiten und Täuschungen.
Ein freundlicher Neptuneinfluß macht sich im Lebensschicksal u. a. als Glück durch einfühlsames Aufnehmen von Möglichkeiten bemerkbar, als künstlerisches Talent, das sensiblen Ausdruck findet und beim Publikum ankommt, als Sinn für transzendente Dimensionen des Seins.

Trotz scheinbar schwankender Bedingungen sichere Existenz, weil man sich auf den Fluß des Lebens einzulassen versteht.
Schwierige Neptuneinflüsse äußern sich u. a. als Irreführung des Denkens und Fühlens, Melancholie bis hin zu Selbstmordgedanken, verführerische Leidenschaften, welche die Lebenskraft vergeuden, Süchte aller Art, Anfälligkeit für Vergiftungen oder »mediale Ängste«. Man wird dann leicht zu Opfern von Schwindlern oder gerät Scharlatanen in die Hände; womöglich läßt man sich selbst zu unguten Taten verleiten. Die Existenz leidet unter Zweifeln und oft unter nicht recht greifbaren »Angriffen«.
Gemeinsam ist Menschen, die stark vom Neptun beeinflußt werden, daß sie sich häufig in ungewöhnlichen, eigenartigen und häufig undurchschaubaren Situationen befinden. Ob sie mit einer Art »sechsten Sinn« dennoch ihren Weg finden oder sich verführen und täuschen lassen, hängt von der Aspektierung des Neptun in ihrem Horoskop ab. Der Neptun soll auch bei Initiationsvorgängen und seelischer Entfaltung beteiligt sein.

Gesundheit
Zirbeldrüse (Epiphyse), Sonnengeflecht (Solarplexus), Großhirn, Augen, Füße und Zehen gehören zu den körperlichen Entsprechungen des Neptun. Typische »Neptun-Krankheiten« sind seelische Beschwerden und Angstzustände (Depression, Psychosen) und Vergiftungen aller Art (auch durch Nebenwirkungen von Medikamenten, zum Beispiel Schlafmitteln, oder durch Drogen) sowie jene Krankheiten, die nicht oder falsch diagnostiziert und therapiert werden, bei denen also das Element der Täuschung eine Rolle spielt; weiterhin zählen Komazustände, Somnambulismus und psychische Besetzungen (»Besessenheit«) zu Neptunkrankheiten.
Ein »Gegenmittel« gegen Depression und Melancholie ist übrigens Dankbarkeit! Fast jeder von uns hat allen Anlaß, für die körperlichen, seelischen und geistigen Gaben und Möglichkeiten, die uns geschenkt worden sind, zutiefst dankbar zu sein.

Politik
Verführung der Massen; Illusionen durch politische, ideologische oder religiöse Beschwörungen; Suchtepidemien wie Aids (mit Pluto-Färbung), aber auch Verwirrung durch Überflutung mit Bildern und »Informationen«, Gefühlsmustern und Denkschablonen durch die Massenmedien, insbesondere durch Film und Fernsehen (!) (ich bin selbst auch Fernsehjournalist und weiß das aus erster Hand); Verschwörun-

gen; Geldinflation und Betrug des Stimmvolkes durch korrupte Politiker; im negativen Sinn Verirrungen der sogenannten modernen Kunst mit ihrer nahezu totalen Sinnentleerung (»Verlust der Mitte«), im positiven Sinn humanitäre und spirituelle Impulse für die Kunst; Ethikskandale innerhalb großer gesellschaftlicher Gruppen wie Kirchen, Industrie und Gewerkschaften (sexuelle Verirrungen von Priestern, unmoralische Umweltverschmutzung aus Profitgier, eigensüchtige Bereicherung von Funktionären). Menschenliebe und gesellschaftliche Ideale als Triebfeder politischer Tätigkeit gehören zu den positiven Seiten des Neptun auf diesem Feld.
Vehlow nennt auch die Emanzipationsbewegung der Frauen als neptunische Entsprechung. Persönlich stimme ich dem nicht zu; vielmehr scheinen zumindest im gesellschaftlich wirksamen (und sicherlich im militanten) Feminismus eher Mars und Jupiter beteiligt zu sein. Allerdings ist natürlich klar, daß man Emanzipation und Feminismus nicht einfach gleichsetzen darf.

Führende Astrologen zur Deutung von Neptun

»Neptuns Leitgedanke ist Opfer – die Verpflichtung, sich selbst zu geben. In dem Bereich des Horoskops, in dem er [Neptun] steht, ist Aufopferung des Eigeninteresses notwendig. Dies ist der Bereich, in dem du in der Vergangenheit von anderen genommen hast. Jetzt muß der Ausgleich durch Geben, nicht durch Bekommen, wiederhergestellt werden. ... Neptuns innere Natur ist Freiheit und Freude. Der [auf falsche Weise] einwärts gerichtete Wille [Uranus] verbraucht sich selbst im Eigennutz. Bereitschaft des Willens ist die Sehnsucht und Bemühung, zu sehen, daß andere Freude und Freiheit erlangen. Der Meister des Fische-Zeitalters [Jesus Christus] sagte: ›Ich komme, auf daß eure Freude voll werde.‹ ... Neptun wirkt durch Überzeugung, niemals durch Druck. Er [Neptun] wird der kosmische Sankt Nikolaus genannt. Es gibt ein verstecktes Geheimnis im Opfer. Je mehr du von dir selbst gibst, desto mehr hast du zu geben. ›Suchet erst nach dem Reich Gottes und ALLES andere wird euch dazugegeben‹ ist heute so wahr wie vor zweitausend Jahren. Die kosmischen Gesetze verändern sich nie.«
Soweit ein Zitat aus Isabel M. Hickeys Buch »Astrology – A Cosmic Science« (CRCS Publications, Sebastopol, CA, USA, 1992).
Johannes Vehlow, einer der Altmeister der Astrologie in Deutschland, hat sich in seinem mehrbändigen »Lehrkursus der wissenschaftlichen

Geburts-Astrologie« (Bd. III Sporn Verlag, Zeulrenroda, 2. Aufl. 1940; alle Bände leider vergriffen) auch ausführlich mit Neptun auseinandergesetzt. Er schreibt aus der Sicht der damaligen Bewußtseinsentwicklung u. a., daß die Zahl jener Menschen gering sei, »die geistig, seelisch und körperlich normal auf Neptun reagieren können. Wir lernen diesen Planeten daher meist nur von seiner disharmonischen Seite kennen; – er ist deshalb vorläufig als ›Übeltäter‹ zu bewerten. Betrachtet man Neptun im Sinne der Einflußtheorie, so ist er der Planet des Chaos, des Verworrenen, Unklaren und Nebelhaften. Unter seiner Herrschaft entstehen politische, weltanschauliche Denkrichtungen. Das Chaotische des Neptuns äußert sich aber mehr im Fühlen als im Denken, denn Neptun ist die höhere Oktave der Venus. ... Menschen mit einem dominierenden, aber angegriffenen Neptun unterliegen leicht Irrtümern, leiden unter eigenartigen seelischen Stimmungen ... Die seelischen Beängstigungen können sich soweit steigern, daß sie zu Lebensüberdruß und Selbstmord führen. ... Alle Selbstmörder haben in ihrem Horoskop einen stark gestellten schlechten Neptun! ... Auf dem Gebiet der Kunst schaffen niedere Neptuniker im Verein mit Uranikern die exzentrischsten und verworrensten Richtungen. ... Aus all den Verirrungen wird sich aber mit der Zeit, wenn Neptun in höheren und reineren Formen zur Geltung kommt, eine sehr hohe und reine Kunst entwickeln. Eine Verfeinerung auf künstlerischen Gebieten wird stattfinden, und auch das Liebesleben dürfte dann höhere Formen annehmen. Die ethischen Höherentwicklungsbestrebungen, die Nächstenliebe und die wahre Religiosität dürften dann zunehmen. Auch ist damit zu rechnen, daß hochentwickelte Neptuniker der Menschheit später bessere Verbindungen mit den höheren und reineren jenseitigen Wesenheiten vermitteln, denn sie besitzen die so notwendige Gottes- und Nächstenliebe (die universelle Menschenliebe), die Inspiration, das Hellhören und Hellfühlen sowie die heilmagnetische Kraft. ...«

Karma Welch nennt in ihrem Beitrag zum Buch »Planets – The Astrological Tools« (»Planeten – Die astrologischen Werkzeuge«, derzeit nicht auf deutsch verfügbar, Llewellyn, MN, USA, 1989) folgende Schlüsselworte zum Neptun:

Inspiration – Ideale – Vorstellungskraft – Hingabe – Magie – Mythen – Musik – Kunst – Mission – glaubendes Vertrauen – Hoffnung – Mildtätigkeit – Wunder – Traum – Gnade.

Sie schreibt weiter u. a.: »Neptuns Stärke ist schweigsam. ... Die Wahrheit ist, daß die Kraft des Neptun Berge versetzen kann durch Meditation, Gebet und Glaube, daß spirituelle Energie eine Flutwelle des höheren Bewußtseins erzeugen kann.... Eine ›Laß los, laß Gott‹ [»Let go, let God«]-Einstellung ist die beste Weise, Neptunenergie im Horoskop zu nutzen. Warte ab und sieh zu, lebe nur einen Tag auf einmal, vertraue und bewahre den Glauben. Während des Fische-Zeitalters war es lebensnotwendig, Glaube und Vertrauen zu bewahren, wenn man Fragen der Religion und nach den Mysterien von Leben und Tod nicht beantworten konnte. Da jetzt das Wassermann-Zeitalter beginnt, wenden die Menschen unabhängige, individualistische Mittel an, um Antworten auf diese Fragen zu suchen. Sie erkennen, daß Neptun der Planet des spirituellen Lichts ist und die Verheißung dessen, was sein wird.«

Die amerikanischen Astrologinnen Spiller und McCoy sprechen von Neptun als dem »Schlüssel zur emotionalen Ekstase« und meinen u. a., daß Neptun im Horoskop »Illusionen entfernt und die Wahrheit enthüllt«, »selbstschädigende und konfuse Muster anzeigt, wo die Erwartungen am höchsten und die Enttäuschungen am intensivsten sind«, und »den Lebensbereich bezeichnet, welcher die Stärke, Gelassenheit und Ekstase eines göttlichen Kontaktes bietet, und eine Vision und Vertrauen in das Wirken des Universums.« (Nach »Spiritual Astrology«, Simon & Schuster, New York 1988.)

Als eine Zusammenfassung eignet sich die klare Darstellung des Archeytps, den Neptun repräsentiert, wie Bernd A. Mertz ihn in seinem Grundlagenwerk »Das Grundwissen der Astrologie« (siehe Literaturhinweise im Anhang) vorlegt. Dort beschreibt er u. a. die Sonne in den zwölf Zeichen und gibt zur Sonne im Zeichen Fische folgende Übersicht, die gleichzeitig typische Neptuneigenschaften »in Reinkultur« bezeichnet:

Herrschender Archeytp	Neptun
Persönlichkeit	Hingebungsmensch
Antrieb	Glaubensgemeinschaft
Sehnsuchtstraum	Einsamkeit überwinden
Impuls	Telepathische Bilder
Einsatz	Aufgebende Hingabe
Anschauung	Caritas
Gestaltung der Ordnung	Welteingebettetsein
Religion	Auferstehung
Tugend	Totaler Verzicht
Gefahr	Selbstmitleid
Fehler	Süchtigkeit
Hauptgesundheitsproblem	Standfestigkeit, Füße
Charakter	Priester, Beichtvater

Berufstendenz	Arzt, Telepath, Bettler
Endziel	Aufgehen im All
Machtprinzip	Göttliches Recht

Ich nehme gern die Gelegenheit wahr, Sie an dieser Stelle zu ermuntern, sich in die aufgrund großer Lebenserfahrung geschriebenen, psychologisch fundierten Bücher von Bernd A. Mertz zu vertiefen oder einen seiner ausgezeichneten Praxiskurse zu besuchen. (Siehe auch Anhang mit Literatur- und Seminarhinweisen.)

Am Schluß dieser allgemeinen Einführung in das astrologische Deutungsspketrum für den Planeten Neptun zitiere ich einige esoterische Anmerkungen aus dem Buch »Spiritual Astrology« von Dr. E. Krishnamacharya, einem herausragenden indischen Astrologen und Yogameister. Auf deutsch ist es unter dem Titel Spirituelle Astrologie erschienen (Hier & Jetzt Verlag, Hamburg).
»Gerade so, wie Venus die Seele unseres planetarischen Logos bildet, ist Neptun die Seele unseres solaren Logos. ... Die Hierarchie, welcher Neptun angehört, kann man die muskalische Hierarchie nennen. Sie beschäftigt sich mit Klangwellen und ihrer Anordnung auf der suprakosmischen Ebene. ... Auf unserer Erde gibt es gegenwärtig nicht viele Menschen, deren Seelenschwingung für die Strahlung des Neptun aufnahmefähig sind. Der erste, der sie auf dieser Erde empfing, war Gautama der Buddha, ungefähr zur selben Zeit wie der Planet Venus [die Neptun-Strahlung empfing]. Das geschah durch die Vermittlung von Santa Kumara. Am Ende des letzten Dwapara Yuga [auch Dvapara Yuga: die dritte Epoche in einer Reihe von vier Zeitaltern, die Höhepunkt und Niedergang des spirituellen und ethischen Bewußtseins der Menschheit umfassen; in Indien nennt man sie das goldene, das silberne, das kupferne und das eiserne Zeitalter. Wir befinden uns zur Zeit auf dem Tiefstpunkt der Entwicklung, mitten im bzw. nahe am Abschluß des eisernen Zeitalters, des »Kali Yuga«] wurde Lord Krishna mit einer vollkommenen Meisterschaft über die Strahlung des Neptun geboren; er befand sich in vollständiger Kommunion mit den Intelligenzen der musikalischen Hierarchie [bekanntlich wird der Gottesaspekt, der sich in Krishna inkarniert hat, in der hinduistischen Ikonographie meist mit einer Flöte gezeigt, auf der er seine wundersam bezaubernde Melodien spielte]. ... Lord Krishna initiierte den Weisen Maitrya und gab [ihm] die neptunische Verbindung, kurz bevor Krishna diese Erde verließ. ...
Gegenwärtig regiert Neptun die unterbewußten Ebenen des planetari-

schen Logos unserer Erde. Hier und dort sehen wir neptunische Erfahrungen aufblitzen in Form von Visionen, Träumen und medialer Öffnung einer sehr hohen Ordnung. Die ›Musik der Gedanken‹ wird auf diesem Planeten in Zukunft allgemeiner erkannt werden. Die Anwendung von Musik als Nahrung und Heilmittel wird in den Vordergrund rücken. Von der Zeit an, als die musikalische Hierarchie äußerlich wahrnehmbar wurde und Neptun in unserem Sonnensystem erschien, begann Neptun die Musik dieser Erde zu regieren, und der Einfluß der Venus auf diese Kunst nimmt ab. Venus wird jedoch das dichterische Denken und die Zusammenstellung von Farben kontrollieren.

Ähnlich wird der Einfluß von Jupiter allmählich abnehmen, aufgrund der Ankunft von Uranus. Jupiter wird seinen Einflußbereich nur auf die Kraft beschränken, Dinge zu ordnen.

Ein starker Neptuneinfluß im Horoskop eines entwickelten Menschen befähigt zum Kontakt mit den unsichtbaren Wesen anderer Ebenen durch das Bewußtsein der Seele. Inspirierte Niederschriften, Visionen und plötzliche Offenbarung kosmischer und supra-kosmischer Wahrheiten werden das Eregbnis sein. Er [ein solcher Mensch] erhält Lehren im Zustand des Schlafs. Er wird wahrhaft die zugewiesenen Rollen im Drama des Lebens spielen, wie sie in den Geschehnissen des Lord Krishna typisch sind. Die Musik der Seele wird sowohl zu seinem eigenen Nutzen wie dem anderer geübt. [Beachten Sie bitte die Ausführungen über die ›Musik der Seele‹ im Abschnitt über ›Innere Astrologie‹ auf Seite 156.] Dieser Mensch hat kein Bedürfnis nach schwerer Nahrung ungefähr vom 21. Lebensjahr an. Man könnte bald lernen, von Wasser, Milch und sehr leichten, aber nahrhaften Lebensmitteln zu leben. Sogenannte Wunder göttlicher Natur werden zu vertrauten Ereignissen in seinem Leben. Sein soziales Bewußtsein wird altruistisch ausgerichtet sein.

Ein stark angegriffener Neptun im Horoskop ist das Resultat ›spiritueller Verbrechen‹ und den daraus folgenden Verfluchungen [im englischen Original heißt es tatsächlich ›curses‹; der Begriff der ›gerechten Bestrafung‹, um wieder auf den richtigen Weg zu kommen, wäre vermutlich angemessener]. Ein solcher [schlechter Neptun-]Aspekt kann Früchte des Karmas des Horoskopinhabers hervorbringen in Form von spiritistischer Medialität, psychischen Abnormitäten, ritueller Magie des Pfads der linken Hand als auch sexuelle Abnormitäten. Der Einfluß dieses Planeten auf die Wissenschaft erstreckt sich mehr auf die psychischen als die physischen Ebenen. Studien des Unterbewußtseins [und des Unbewußten], außersinnliche Wahrnehmung, Telepathie,

Hexerei und Dämonologie entwickeln sich. Die Beherrschung botanischer und zoologischer Phänomene durch Musik wird weitverbreitet. Mit einigen fortgeschrittenen Seelen der musikalischen Hierarchie wird über die Konstellation der Lyra ein regelmäßiger Gruppenkontakt hergestellt.«

Neptun den zwölf Zeichen des Tierkreises

Der Planet Neptun bleibt etwa 14 Jahre in einem einzigen Tierkreiszeichen. Seine Zeichenposition ist deshalb vor allem für viele Jahrgänge, ja für etwa eine halbe Generation zu deuten. Wir können von historischen Aufgaben dieser Jahrgänge ausgehen. Rufen wir uns zwei Aussagen aus den Zitaten weiter oben in Erinnerung:
Neptun zeigt demnach an, wo die größten Erwartungen und die größten Enttäuschungen sind, und Neptun weist darauf hin, wo durch ein Geben in diesem Leben ein karmischer Ausgleich zu früherem Fehlverhalten stattfinden könnte und sollte.

Neptun im Zeichen Widder (1861 – 1874)

Intensiv empfundene Eingebungen und missionarischer Einsatz um Verwirklichung. Selbstlosigkeit, soziale Ideen, Fernweh, Überempfindlichkeit, auch fanatische Überzeugungen. Eine inspirierte Generation in »Aufbruchstimmung«, die Möglichkeiten vorfand, auch weitreichendste Ideen und Pläne in die Tat umzusetzen. Der Aufbau großer Vermögen im Zuge der weltweiten Industrialisierung (zum Beispiel im Rahmen der Ausbeutung von Ölquellen – 1862 gründete John Davison Rockefeller eine Erdölraffinerie und legte den Grundstein zu einem sagenhaften Reichtum – und der Intensivierung der weltweiten Handelsverflechtungen) fiel Menschen zu, die unter dieser Konstellation agierten oder geboren wurden. Henry Ford, der Autos zum individuellen Massenverkehrsmittel machte, wurde 1863 geboren. Das Element der Täuschung anderer, der »Konkurrenten«, spielte beim Aufbau der Großindustrien natürlich eine oft entscheidende Rolle. Übrigens wurden auch der aus Österreich stammende Initiator der Antroposophie, Rudolf Steiner, in diesem Zeitraum geboren, nämlich 1861, und der Friedenskämpfer Mahatma Gandhi. In ihm könnte man die Ideale von Neptun im Widder vielleicht am typischsten erkennen: unbedingter und energischer Einsatz für ein hohes Ideal, das aber auf nichtzerstörerische, sondern auf humanitäre, friedliebende Art!

Neptun im Zeichen Stier (1874 – 1887)
Stimmungsgelenkte Menschen mit ästhetisch-künstlerischen Neigungen und einem Hang zum materiellen Komfort. Menschen, für die konkrete Überprüfbarkeit und statistische Auswertungen eine Rolle spielten. Merkwürdigerweise – vielleicht als »Ausgleich« dazu – fand die Beschäftigung mit psychischen und medialen Phänomenen in dieser Generation großen Anklang. C. G. Jung und Edgar Cayce wurden in dieser Zeit geboren. Die deutschen Astrologen Ebertin und Paris sprachen beide von einem »Hang zu Genußgiften« und »eigenartigen« Finanzgebaren bzw. Erwerbsquellen.

Neptun im Zeichen Zwillinge (1887 – 1901)
Diesen Jahrgängen schreibt man eine reiche Phantasie, Naturliebe, literarische Neigungen, mystische Bestrebungen, aber auch Unentschlossenheit oder geistige Verworrenheit zu. Schnelle und gute Auffassunggabe, empfindsame Intuition, unter Umständen sogar telepathische Gaben, feinsinnige Überzeugungs- und Überredungskraft. Die amerikanischen Astrologinnen Hickey und Lofthus sprechen von »mentaler Sensibilität«, starken Familienbanden und Verzicht auf Ausbildung, um gleich für die Familie zu arbeiten. Der Schriftsteller Ernest Hemingway, der Schauspieler Charles Chaplin und der von okkulten Wahnideen getriebene Adolf Hitler wurden in dieser Zeit geboren.

Neptun im Zeichen Krebs (1901 – 1915)
Beeinflußbares Gemüt, instinktive Verhaltensweisen, Offenheit für emotionale Impulse und für Appelle ans Gefühl. Überempfindlichkeit und seelische Enttäuschungen, die womöglich durch übertriebene Genüsse jeglicher Art überspielt oder verdrängt werden sollen. Während der überwiegenden Zeit dieser Neptunstellung herrschte in Europa Frieden, bis 1914 der Erste Weltkrieg von Menschen und Gruppen begonnen wurde, die damit – wie die weitere Geschichte unseres Jahrhunderts und der Zweite Weltkrieg zeigen sollten – die Heimat der Nationen und Völker, das gemeinsame »Haus«, in ihrer Verblendung durch vermeintlich hehre Ziele aufs Spiel setzten. Neptun im Krebs steht »erhöht«, er weist auf echtes Mitgefühl und Bereitschaft zum Dienst für andere hin. Das deutsche Kaiserreich zog »ins Feld«, weil es sich verpflichtet fühlte, einem »Hilferuf« der österreichisch-ungarischen Doppelmonarchie nach dem Mord am Thronfolger in Sarajevo zu folgen. Daß dahinter ganz andere Interessen standen – nämlich imperialistische Machtpolitik der damaligen Großmächte Großbritan-

nien, Rußland, Frankreich und Deutschland – weiß man zwar heute allgemein, das wurde der Bevölkerung damals aber »neptunisch« anders dargestellt. Dag Hammarskjöld, der idealistische Generalsekretär der Vereinten Nationen, der sich mit ganzer Kraft für einen dauerhaften Frieden im Rahmen einer »Weltfamilie« einsetzte und in Katanga im Kongo auf einer Mission vermutlich ermordet wurde, wurde unter Neptun im Krebs geboren.

Neptun im Zeichen Löwe (1915 – 1929)
Begeisterung, Unternehmungslust, Leidenschaften, Kunst und Schaupielerei, aber auch Selbsttäuschung und Verführbarkeit sind Merkmale dieser Neptunstellung. Diese Generation erlebt(e) in besonderer Weise die Chance, die eigenen kreativen Ideale in die äußere Wirklichkeit zu tragen. Der Aufschwung einer ganzen »Filmkultur« fiel sowohl zunächst in die zweite Hälfte dieses historischen Zeitabschnitts als auch Menschen zu, die in diesen Jahren geboren wurden. In Deutschland wurden viele Menschen geboren, welche die offenkundige materielle Not einerseits und den Glanz der Verheißungen von Propagandisten der unterschiedlichsten Couleurs erlebten. Viele von ihnen ließen sich dazu verleiten, im Nationalsozialismus und seinen gesellschaftlichen »Idealen« eine echte Mission zu sehen, eine neue und bessere Welt aufzubauen. Der strahlende Nimbus von »Führer« und »Vaterland«, das zu neuen Ehren kommen sollte, vermittelte ihnen ebenfalls eine neue Identität. Die trügerische Zwiespältigkeit einer Neptun-Löwe-Herrlichkeit wurde ihnen zumeist nicht deutlich – erst, als das bittere Ende mit Judenverfolgung, Konzentrationslagern, Weltkrieg und bedingungsloser Kapitulation kam. Das Eigeninteresse muß in universalen Bedürfnissen aufgelöst werden. Schauspielerinnen, die damals geboren wurden, sind zum Beispiel Shirley Temple und Judy Garland. Zwei herausragende »Missionare«, die den positiven Neptun-Löwe-Aspekt verkörpern, sind bzw. waren der weltweit wirkende Evangelist Billy Graham und der Bürgerrechtler Martin Luther King.

Neptun im Zeichen Jungfrau (1919 – 1943)
Einfühlungsgabe und Interesse bzw. Fähigkeiten für die Heilkunde, fruchtbare Verbindung zwischen Verstand und Eingebungen, sensible Planung, aber auch eigenartige oder konfuse Formen der Zusammenarbeit. »Seelenmedizin«, Psychotherapie und die Erkenntnis psychosomatischer Zusammenhänge gehören zu dieser Konstellation.
In den Jahren dieser Neptunstellung erhielt die Gewerkschaftsidee neuen Aufschwung und die »kleinen Leute« bekamen mehr Stimm-

kraft. »Dienen und leiden«, oder, wie ein dem deutschen Kaiser Friedrich III. zugeschriebener Ausdruck lautet, »Lerne leiden ohne zu klagen« könnte auch als Motto einer Facette von Neptun im Zeichen Jungfrau gelten. In den späteren Jahren dieser Jahrgänge wurde der Keim zur jungfraugemäßen Analyse und Kritik, diesmal aber am Establishment, gelegt, die vor allem von den folgenden Menschen ausgelebt wurde.

Neptun im Zeichen Waage (1943 – 1957)

Das ist die Generation eines neuen Lebensgefühls und einer Suche nach Erfüllung von Idealen, die sich in der Popmusik, der Hippiekultur, der »freien« Liebe und der sexuellen Revolution (»Make Love, Not War!« war ein bekanntes Motto dieser Menschen), der Wendung zu östlichen Religionen, im Engagement für humanitäre Ziele, aber auch in den Studentenrevolten und »politisch« motivierten Terrorakten ausdrückte. Verfeinerte Sinnlichkeit, Gleichgültigkeit oder Auflehnung gegenüber der öffentlichen Meinung und ein eigenwilliger Realitätssinn (bzw. Mangel an Wirklichkeitsbezug, so Kritiker) sind weitere Merkmale dieser Neptunposition. Sehnsucht nach idealen Verbindungen, die Suche nach vermeintlichen »soul mates«, Seelenpartnern, sowie eine erstaunliche disziplinierte Beharrlichkeit im Verfolgen bestimmter Interessen zählen ebenfalls zu den Kennzeichen dieser Generation.

Neptun im Zeichen Skorpion (1957 – 1970)

»Nullbock« und »No Future« sind Schlüsselworte für Neptun im Zeichen Skorpion. Die Bemühungen um eine Idealisierung der Welt von Neptun-Waage schien politisch nicht von Erfolg gekrönt zu sein, mit Ausnahme der Entstehung von gesellschaftlichen Außenbereichen, von sogenannten Subkulturen. So ist die gegenläufige Entwicklung, die Flucht aus jeglicher Verantwortung – sogar die schöpferische Anteilnahme am eigenen Schicksal wird aus dumpfer Enttäuschung und Trotz bewußt vernachläßigt – vielleicht zum Teil zu erklären. Medikamente, Drogen, Tabak und Alkohol spielen eine wesentliche Rolle. Überdurchschnittlich viele Aids-Opfer entstammen diesen Jahrgängen. Neptun in diesem Zeichen mahnt, sich bewußt zu entscheiden, ob man einen Weg der höheren Transformation der Persönlichkeit beschreitet oder ob man sich aus Lethargie oder Hoffnungslosigkeit in eine Phase der persönlichen Rückentwicklung sinken läßt. In diese Jahre fällt auch die bahnbrechende Erforschung des Weltraums, die eine Aufbruchsstimmung besonderer Art schuf und Hoffnung auf eine neue Sicht der Erde als planetarische Einheit machte. Wir müssen darauf achten, daß dieser Anstoß nicht im rein materialistischen und materiellen Nutzdenken stecken bleibt, sondern daß die spirituelle Komponente wieder deutlicher wird. Bekanntlich ist das Zeichen Skorpion ein Doppelzeichen: der Skorpion mit seinem giftigen Stachel am Boden und der unsterbliche Phönix, der sich aus der Asche der Transformation in die Höhen der geistigen Himmel erhebt. Damit ist mit Neptun in diesem Zeichen vorgegeben, daß eine »Erlösung« durch eine wahrhafte Heilung an Körper, Geist und Seele und die gar nicht so alchimistische Transformation der dumpfen Ich-Diktate zur edlen Seelenherrschaft möglich ist. Ein Weg dorthin ist die »Innere Astrologie«.

Neptun im Zeichen Schütze (1970 – 1985)
Geistige Beweglichkeit, eine neue Nachdenklichkeit, eine neue Bereitschaft, Verantwortung zu sehen und zu übernehmen, Optimismus in bezug auf die Zukunft, gleichzeitig ein markanter Freiheitswille, Wunsch nach höherer Erkentnis und wahrer Re-ligio (= Rückverbindung, ohne dogmatische Fesseln), spirituelle Weitsicht bis hin zu Visionen sind Merkmale dieser Neptunposition. Der grundlegende Wandel von Werten weltweit wird jetzt vorbereitet.

Neptun im Zeichen Steinbock (1985 – 2000)
Neptun ist der astrologischen Tradition gemäß im Zeichen Steinbock im Fall, also »schlecht« gestellt. Das heißt aber nicht, daß die Neptunkräfte hier schwächer wären – im Gegenteil! Was der Uranus im Steinbock an alten, überholten Strukturen und dogmatisierten, nicht mehr lebendigen Traditionen machtvoll erschüttert, löst Neptun genauso wirksam und fast unmerklich »von innen« her auf. Die Fundamente kollektiver und individueller Erstarrung und nicht mehr haltbare Eigensüchte werden gleichermaßen unterhöhlt und fortgeschwemmt, wenn sie in sich zusammengebrochen sind. Die innere Auszehrung des Ostblocks, die Bemühungen um eine neue Ordnung im Nahen Osten zwischen Israelis und Palästinensern, das Ende der Minderheitsherrschaft in Südafrika, der Beginn der ersten ernsthaften Friedensgespräche über Nordirland sind Beispiele dafür, wie schmerzhaft und gleichzeitig notwendig der idealistische und zugleich »illusionäre« Neptun im Saturnzeichen Steinbock jene Formen in Frage stellt, die gewandelt werden müssen. Viele Seelen, die bereit sind, der Menschheitsentwicklung in Bildung und Erziehung, als ethisch fundierte Wirtschaftsführer, verantwortungsbewußte Heiler und spirituelle Menschheitslehrer zu dienen, werden jetzt geboren, um das Wassermannzeitalter nach seinen letzten heftigen und die Welt durch innere

und äußere Kriege und Katastrophen erschütternden Geburtswehen endgültig zu etablieren.

Neptun im Zeichen Wassermann (2000 – 2015)
Suche nach seelischen Verbindungen, tiefes Einfühlungsvermögen und intuitive Menschenkenntnis kennzeichnen diese Menschen und diese Zeit. Es geht um die Formulierung neuer hoher Ziele und Ideale, um persönliche Bereitschaft zur Wandlung und um die Erfüllung allgemeinmenschlicher Wünsche und Hoffnungen. Manfred Dimde, der derzeit kompetenteste deutschsprachige Nostradamus-Interpret, spricht übrigens davon, daß in das dritte Drittel dieser Zeit ein Dritter Weltkrieg falle, nicht in die Zeit um 1999. Falls er damit recht behält, so stünde zu vermuten, daß auch seine Begründung dafür stimmen könnte: demnach würde es zu einem Krieg eben um Ideale und Religionen kommen. (Mehr in seinen ausgezeichneten Büchern, zum Beispiel »Das apokalyptische Jahrzehnt« und das »Nostradamus-Jahrbuch«, beide im Heyne Verlag München erschienen.)

Neptun im Zeichen Fische (2015 – 2030)
Sowohl Ebertin wie Paris deuten Neptun im Zeichen Fische eher negativ, nämlich u. a. so: »Pessismismus, Hang zu Genußgiften, krankhafte Neigungen« bzw. »Träumerisches, auch haltloses Wesen. ... Hang zu Genußgiften. ... Beeinflußbarkeit«. Neptun regiert das Zeichen Fische, steht hier also »gut« und »stark«. Ob wir eher die unklaren, verwirrenden und verführerischen Seiten dieses astrologischen Symbols ausleben oder uns mehr an seine ideellen, sensitiven und erhebenden Energien halten, liegt an uns selbst. Ich meine, daß diese Zeit – die ich in meinem dritten Lebensdrittel zu erleben hoffe – eine Vertiefung mystischer Inspiration, eine Ausweitung höherer Bewußtseinszustände und eine Manifestation mitfühlender, lichtvoller Lebensprinzipien in der physischen Welt bringen kann.

Neptun in den zwölf Häusern der Lebensbereiche

Neptun im 1. Haus: Die Suche nach sich selbst
Seelische Empfindsamkeit, Intuition, mediale Gaben und Erfahrungen, künstlerische Neigungen, lebendige Phantasie bis hin zu Visionen, Interesse an esoterischen Phänomenen. Bei schwierigen Aspekten auch stark schwankender Charakter, melancholische Anwandlungen, Verführbarkeit, Labilität gegenüber Genußgiften.

Bis solche Menschen eine klare spirituelle Orientierung finden, erfahren sie ihr Leben häufig als irgendwie chaotisch, sie fühlen sich in Entscheidungssituationen konfus und wissen oft nicht recht, ob sie mehr ihrem Gefühl vertrauen oder sich daran halten sollen, was »man« macht.
Im Krankheitsfall kann die innere Ausrichtung auf Heilung mehr bewirken als äußere Medizin.

Neptun im 2. Haus: Welche Werte sind es wert?
Sensible Einfühlungsgabe und idealistische – oder zu weltfremde! – Einstellungen zur Stofflichkeit und zu materiellen Werten. Starke Vorstellungskraft und – fremden Augen oft verborgene – Fähigkeit, materielle, künstlerische und seelische Werte, Talente und Gaben zu erkennen und zu nutzen. Bereitschaft, viel zu geben.
Leichtigkeit in Geld und Besitz; das ist entweder Ausdruck einer echten Unbeschwertheit, weil diesen Menschen Geld immer wieder auf eigenartige Weise zufließt, oder weil sie im Umgang damit von ihrem Wesen her (allzu) leichtfertig sind. Großzügigkeit oder Heimlichkeiten im Finanzgebaren gehen damit einher, eventuell auch Gewinne und Verluste, die kommen und gehen wie die Gezeiten des Meeres – langsam, anfangs unmerklich, dann aber um so machtvoller.
Bei schlechter Prägung falsche Vorstellungen von Besitz und Verluste durch Schwindeleien.
Neptun löst auf – man sollte sich daher nicht auf materielle Werte und Fähigkeiten als Lebensfundament verlassen, sondern jene Qualitäten finden und entwickeln, die alles überdauern.

Neptun im 3. Haus: Die Notwendigkeit eines klaren Geistes
Kreative Ideen und fruchtbarer Erfindergeist, vielleicht sogar philosophisch, wenn auch mitunter wenig praktisch. Künstlerische Prägung mit Talent zur Schriftstellerei und Malerei.
Besonders in den ersten frühen Lebensabschnitten (Selbst-)Täuschungen im Zusammenhang mit Geschwistern, Verwandten und der näheren Umgebung, vielleicht auch Verluste durch sie.
Eine Herausforderung, vor allem, wenn der Neptun ungünstig aspektiert sein sollte, besteht darin, sich besonders um klares Denken, Förderung der Gedächtniskraft und bewußte Eindeutigkeit und Geradlinigkeit in der Kommunikation mit anderen zu bemühen.

Neptun im 4. Haus: Sehnsucht nach der wahren Heimat
Erbanlagen, (Grund-)Besitz oder andere Werte, die aus der Familie

mitgegeben wurden – einschließlich »Familienkarma«. Haus, Heim und Heimat werden gern idealisiert, und daraus kann Unzufriedenheit darüber erwachsen, daß diese Ideale jetzt nicht (mehr?) erreicht werden. Tendenz zur Häuslichkeit oder Verbindung zu tiefen Schichten des Bewußtseins, zu Mythen; bei ungünstiger Neptunaspektierung auch unbestimmte Ängste – die Mutter spielt eine dubiose Rolle. Das Thema »Leben als Opfer« ist von Bedeutung; diese Menschen befinden sich fast immer auf der Suche nach ihrer »eigentlichen« Heimat – sie müssen lernen, daß diese wahre Heimat eine rein seelisch-spirituelle Dimension, kein materieller Ort ist.
In den späten Abschnitten leben diese Menschen oft zurückgezogen – aus finanziellen Gründen oder weil sie das für ihren Seelenfrieden brauchen.

Neptun im 5. Haus: Die Lust am kreativem Selbstausdruck
Laszive, suggestive Sinnlichkeit und eigenwillige Liebschaften oder leichte Verführbarkeit, und zwar abenteuerliche, meist aber enttäuschende Leidenschaften.
Interesse für okkulte oder esoterische Kunst und Musik, für einen künstlerischen Ausdruck, der nicht bei Ästhetik steckenbleibt, sondern nach Darstellung höherer Wahrheiten strebt.
Kinder spielen eine unklare Rolle für diese Horoskopinhaber. Man sehnt sich einerseits nach ihrer unschuldigen Energie und hegt gleichzeitig Befürchtungen ob ihrer Unkontrollierbarkeit.
Nach Isabel M. Hickey ist das 5. Haus übrigens das Haus des »esoterischen Karmas« und zeigt die Ausrichtung des Willens – gut oder schlecht – in vergangenen Leben. Daraus ergäbe sich für Neptun im 5. Haus, daß die heimlichen Wünsche im vergangenen Leben auf Kunst, Kreativität, Kinder und romantische Affären ausgerichtet gewesen wären, die sowohl die Sehnsucht nach Idealen als auch das Verlangen nach Verschmelzung in einer größeren, überpersönlichen Einheit hätten erfüllen sollen. Ob Neptun in diesem Fall Verwirklichung dieser Ideale oder Illusionen und Enttäuschungen anzeigt, hängt von der Bewußtseinsentwicklung des einzelnen ab und steht nicht im Horoskop!

Neptun im 6. Haus: Die Suche nach Sinn im Alltag
Sensible, bisweilen auch empfindliche Menschen, deren Herausforderung darin besteht, ihren Platz im Alltag, im Beruf, im Haushalt, im Dienst und in der Zusammenarbeit mit anderen zu finden. Mit Kollegen oder Untergebenen bestehen oft Unklarheiten über die Art und

Weise des Miteinanders – weil der Horoskopinhaber selbst falsche Vorstellungen oder zu »rosige« Ansichten hat, oder weil er von manchen Mitarbeitern getäuscht wird.
Diese Menschen sollten sich selbst die emotionalen Probleme um sie herum mental und rational so klar und nüchtern wie nur möglich vorlegen und sie mit möglichst großer innerer Distanz analysieren. Erst dann sollten sie ihr Herz und Gefühl sprechen lassen.
Laut Hickey soll es schwer sein, Krankheiten diagnostizieren zu können, wenn Neptun im 6. Haus steht. Empfänglich für natürliche Heilweisen und »alternative« medizinische Therapien.

Neptun im 7. Haus: Der Traum von der idealen Partnerschaft
Ungewöhnliche Verbindungen, Liebe zu Menschen, die selbst (noch) gebunden sind, Opferbereitschaft für persönliche oder berufliche Beziehungen. Innige Seelenverwandtschaft, aber oft unklare Kommunikation über reale Absichten und Pläne, woraus dann falsche Projektionen und reale Schwierigkeiten erwachsen. Wenn man nicht aufpaßt, gerät man unter Umständen leicht in eine »Opferrolle« hinein und wird zum Spielball von Heimlichkeiten und unredlichen Vorhaben von Partnern.
Bei problematischer Aspektierung des Neptun Verzögerung der ersten Ehe und/oder unmerkliche, aber unaufhaltsame Trennung bzw. Scheidung.

Neptun im 8. Haus: Das Geheimnis des »Stirb und Werde«
Reiches Traumleben und tief empfundenes Interesse an transzendenten Themen, an Jenseitsfragen, an übersinnlichen Phänomenen, Berichten vom Leben nach dem Leben und ungewöhnlichen Therapien. Diese Menschen tragen die Fähigkeit in sich, die verborgenen oder verdrängten Seiten des Seelenlebens der Menschen zu erkennen und vielleicht sogar zu heilen.
Sie sollten ihre Kräfte dafür einsetzen, daß andere Menschen Werte und Talente in sich entdecken und nutzen, von denen sie meist nicht viel wußten. Von Privat- oder Geschäftspartnern ist in materieller Hinsicht wenig zu erwarten.
Ernst-Günter Paris spricht von einem »friedlichen Ende«.

Neptun im 9. Haus: Auf der Suche nach einer »Weltformel des Sinns«
Man sucht Motive hinter Handlungen, Gedanken hinter der Rede, man sucht das Verborgene, was sich in der Zukunft als neue Gegenwart und

Wirklichkeit entfalten wird. Hang zur Mystik, zu spirituellen Visionen und allgemein zu höheren Bewußtseinsebenen. Diese Menschen möchten das Leben am liebsten in einer einzigen, idealen »Formel« erklären können. Ihre Aufgabe liegt darin, die Spreu vom Weizen trennen zu lernen und echte Weisheit zu kultivieren.
Bei schwierigen Neptunaspekten Hang zum religiösen Wahn und/ oder Verluste durch Rechtsstreit oder bei Auslandsreisen.

Neptun im 10. Haus: Verbindung von Idealen und Erfolg
Ungewöhnliche Berufswahl und Karriere; geschickte Einfühlung in Chancen zum Aufstieg und Erfolg und einfühlsame Verhaltensweisen, die den Erfolg sichern. Dabei Impetus, Ideale im Beruf bzw. im öffentlichen Wirken ebenfalls und gleichberechtigt zur Geltung zu bringen. Oft erhalten diese Menschen nicht die gesellschaftliche Anerkennung, die ihrem Wirken zustünde. Am besten ist diese Neptunstellung im 10. Haus – so zahlreiche Astrologen – für eine verdienstvolle Arbeit in einer humanitären Organisation, im Bereich des Gesundheitswesens oder im Bereich der Kunst.
Der Vater ist keine große Hilfe.
Bei Spannungsaspekten zum Neptun unter Umständen nebulöse Berufsideen, Mangel an Konzentration und Beharrlichkeit sowie rasche Entmutigung, wenn Hindernisse auftauchen.

Neptun im 11. Haus: Die Verheißung echter Freundschaft
Man zieht »neptunische« Freunde an, die faszinierend und voller Geheimnisse, ungewöhnlich und schillernd sind. Man verbindet hohe Ideale, bisweilen auch Träumereien mit ihnen und muß sich deshalb vor Ent-Täuschungen besonders hüten.
Humanitäre Werte und intuitiv richtige Zukunftsideen; häufig muß die Kraft, sie praktisch zu verwirklichen, erst noch entwickelt werden.

Neptun im 12. Haus: Sehnsucht nach Erleuchtung
Vor allem in den frühen Abschnitten des Lebens fühlen sich diese Menschen oft mißverstanden und im Ausdruck ihrer Sensibilität eingeengt. Selbstgewählte oder erzwungene Einsamkeit sind für diese Neptunstellung ebenfalls typisch.
Paris schreibt u. a.: »Gewinn durch eigenartige Geschäfte, die mitunter auch geheim gehalten werden müssen.« (»Der Schlüsel zum Horoskop«, Urania Verlag, CH-Neuhausen)
Starkes Mitgefühl bis hin zum Mitleid – das macht ein spirituelles Weltbild notwendig, um sich nicht ausnutzen zu lassen, sondern er-

kennen zu können, welche Hilfe »karmisch« wirklich notwendig ist und wo man sich nur in eine Opferrolle begeben würde.
Die tiefste Seelenmotivation ist die Hoffnung auf Erlösung und Erleuchtung, die Sehnsucht nach Auflösung des kleinen, leidgeprüften Ichs im strahlenden Licht der einen ewigen Schöpferkraft.

Neptun in Aspektbeziehungen zu den anderen Planeten

Jeder Planet symbolisiert eine bestimmte Kraft. Wie diese Kräfte aufeinander wirken, ergibt sich durch die sogenannten Aspekte. Aspekte sind Winkelbeziehungen zwischen Planeten, die man im Horoskopbild ablesen kann.
Aspekte sagen etwas darüber aus, wie sich die Planetenkräfte gegenseitig beeinflussen. Wenn es keinen Kontakt zwischen den einzelnen Planeten gibt, so heißt das, daß diese Planeten nichts oder zumindest nicht viel miteinander zu tun haben.
Im Horoskopkreis sind mit farbigen oder schwarzen Strichen zwischen den Planetensymbolen sogenannte Aspekte vermerkt. Auf den Horoskopblättern finden Sie mit oder ohne kleine Winkelsymbole weitere Angaben zu den Aspekten abgedruckt. Die Gradzahlen dieser Winkel geben Aufschluß darüber, ob und falls ja, wie die jeweiligen Planetenkräfte aufeinander wirken, ob sie harmonieren oder herausfordern, antreiben oder beruhigen, etc.
Wenn im Horoskopkreis von 360 Grad zwei Planeten genau an derselben Stelle stehen, nennt man das eine Konjunktion. Wenn sich zwei Planeten genau gegenüberstehen, verwenden wir den Begriff Opposition. Ein Trigon ist ein Aspekt von 120 Grad, und so fort.
Sie finden am Schluß in Klammern einen Hinweis, bei wieviel Grad Abweichung dieser Aspekt immer noch gültig ist. Bei der Konjunktion kann man zum Beispiel auch bei sechs bis acht Grad Abweichung von einer »exakten« Konjunktion noch davon ausgehen, daß es sich um einen Konjunktionsaspket handelt.

Konjunktion 0 Grad
Konzentration von Kräften, die je nach Planeten Spannung oder Kraftverstärkung bedeutet. Aktivität, Wirksamkeit; Koppelung und direkte Berührung! Die Konjunktion ist ein sehr starker Aspekt. (6–8 Grad)

Opposition 180 Grad
Polare Spannung, die zur bewußten Klärung herausfordert; »Begeg-

nungsaspekt«. Bewußtheit, Erkenntnis, Gegenüberstellung, Zwiespalt. Die Opposition ist ein starker Aspekt. (6–8 Grad)

Trigon 120 Grad
Ausgleichende Synthese (die auch träge machen kann); »Produktivitätsaspekt«. Schöpfung, Gestaltung; Harmonie, Einklang. Das Trigon ist ein mittelstarker Aspekt. (5–6 Grad)

Quadrat 90 Grad
Spannung, die zum konstruktiven Umgang auffordert; »Herausforderungs- oder Widerstandsaspekt«. Aufbau, Konstruktion, auch Sperrung. Das Quadrat ist ein starker Aspekt. (5–6 Grad)

Quintil 72 Grad
Kunstsinn und künstlerisches Können, schöpferische Transformation. Das Quintil ist ein schwacher Aspekt. (2 Grad)

Sextil 60 Grad
Harmonischer Aspekt, der eigene Kreativität verlangt bzw. anregt; »Neigungsaspekt«. Heißt auch »kleines Trigon«. Erzeugung, Werk, Verknüpfung; unbeschwerte Freude. Das Sextil ist ein mittlerer bis schwächerer Aspekt. (4–5 Grad)

Halbsextil 30 Grad
Ambivalent; schwächer und bisweilen »schwieriger« als Sextil. Intimität, Berührung oder Entfernung! Das Halbsextil ist ein schwacher Aspekt. (3–4 Grad)

Quincunx 150 Grad
Ambivalent; »Entscheidungs-« oder »Sehnsuchtsaspekt«. Klärung, Bewußtwerdung, »Riß«. Das Quincunx ist ein mittlerer bis schwächerer Aspekt. (4–5 Grad)

Halbquadrat 45 Grad
Ähnlich wie Quadrat, aber meist schwächer. Aktivität; schöpferische Transformation von Spannungskräften. Das Halbquadrat ist ein mittlerer bis schwächerer Aspekt. (3–4 Grad)

Nonagon 40 Grad
Schöpfung, Gestaltung, Abschluß von Zyklen, Vorbereitung auf Durchbruch zu neuen Dimensionen. Das Nonagon ist ein schwacher Aspekt. (2 Grad)

Nicht aspektierter Planet

Wenn ein Planet keinerlei Verbindung zu mindestens einem anderen Planeten (oder zu mindestens einer wichtigen Achse – Aszendent-Deszendent, Medium coeli-Imum coeli, Mondknotenachse) aufweist, also nicht mit einem der starken oder mittleren Aspekte verbunden ist, so sprechen die Astrologen von einem »isolierten« Planeten. Die durch den betreffenden Planeten repräsentierte Kraft wirkt wie isoliert; man muß sie bewußt integrieren lernen.

Dieser »Nicht-Aspekt« gilt als mittelstark.

Unter den Namen der Aspekte finden Sie Hinweise wie »stark«, »mittel« oder »schwach«. Es gilt aber auch: je weiter der Aspekt von der gradgenauen Winkelbeziehung entfernt ist, desto schwächer wird er wirken.

Über den »Orbis«, also den Umkreis, wie weit ein Aspekt noch wirkt, wenn die Winkel nicht genau sind, gibt es unter Astrologen unterschiedliche Meinungen. Bei Sonne und Mond geht man von einem größeren Umkreis aus (plus 2 Grad vom Mittelwert), bei den langsamen Planeten wie Neptun und Pluto von einem kleineren (minus 1–2 Grad vom Mittelwert). Bei starken Aspekten läßt man gleichfalls einen größeren Umkreis gelten, bei schwachen Aspekten einen kleineren. Die Zahlen in Klammern spiegeln die persönliche Ansicht des Autors und befinden sich im Vergleich zur astrologischen Fachmeinung etwa im Mittelfeld.

Für unsere Zwecke hier reicht die Aufteilung in drei Beziehungsmuster zu den anderen Planeten, und zwar Energieaspekte, das sind Konjunktionen; Herausforderungsaspekte, das sind Oppositionen und Quadrate; Förderungsaspekte, das sind Trigone und Sextile.

Wir unterscheiden in der Astrologie weiter zwischen zwei Arten von Aspekten. Einmal gibt es Aspekte von Planeten im Geburtshoroskop, die eine Grundlage für Charakter und Schicksal im Geburtshoroskop bilden. Zweitens bilden sich im Verlauf des Lebens zwischen den laufenden Planeten und den Planeten des Geburtshoroskops immer wieder neue bestimmte Aspekte. Diese Aspekte zwischen den laufenden Planeten und Geburtsplaneten sind sogenannte Transite, die sich als zeitlich begrenzte Tendenzen, Herausforderungen und Chancen bemerkbar machen.

Die Aspekte der Planeten in Ihrem Geburtshoroskop entnehmen Sie bitte Ihrem eigenen Horoskopbild bzw. -blatt. Wenn Sie noch kein eigenes Horoskop besitzen, können Sie es zum Beispiel bei Astrodata anfordern; siehe Bestellformular im Anhang.

Eine Anmerkung: Der führende deutsche Astrologe Bernd A. Mertz formuliert teilweise abweichende Deutungen der Aspekte, vor allem zum »Confinis-Aspekt« von 30 Grad. Siehe auch sein ausgezeichnetes systematisches Lehrbuch »Das Grundwissen der Astrologie«, Heyne Taschenbuch 08/9447.

Deutung von Aspekten des Neptun zu den anderen Planeten

Sonne/Neptun: Lebenskraft und Ichauflösung

Kombination von Sonne/Neptun
Kreativität, Anpassungsfähigkeit, Empfindsamkeit, Beeinflußbarkeit, Mitgefühl (oder Mitleid) und Aufopferung, Offenheit für Mystik und Magie (damit eventuell auch eine Tendenz zur Verführbarkeit), Illusionen, Opferbereitschaft, (Aus-)Flucht. Geistige Chancen stehen im Vordergrund der Selbstentfaltung.
Die Annahme, daß wir bei einer Sonne/Neptun-Kombination generell von »Schwächlichkeit« und »Krankheit« ausgehen müssen (so R. Ebertin), finde ich bislang ebensowenig bestätigt wie die Aussage, daß bei dieser Planetenkombination immer auch »Gefühlsverwirrung« herrsche (so Paris).

Energieaspekt Konjunktion Sonne/Neptun
Gesteigerte Sensibilität und Inspiration; empfindsames Verständnis für seelische Belange; einfühlsame Kreativität.
Menschen mit diesem Aspekt im Geburtshoroskop sind häufigeren Stimmungsschwankungen unterworfen als viele andere und sind in ihrem Selbstwertgefühl von diesen Stimmungen auch stärker abhängig. Eventuell Vater- oder Mannprobleme durch tragische Gefühlsbeziehungen, die etwas mit der Sehnsucht nach Verschmelzung einerseits und physischer oder emotionaler Auflösungstendenzen andererseits zu tun haben.

Förderungsaspekte Trigon/Sextil Sonne/Neptun
Hier wird die Gabe zur Einfühlung in andere Menschen und zur Empfänglichkeit für Eindrücke allgemein angezeigt. Menschen mit diesem Planetenaspekt können eine reiche Phantasie, ihre lebendige Intuition und ein künstlerisches Gespür schöpferisch nutzen. Offenheit für Esoterik, Verinnerlichung und Spiritualität, manchmal auch mediale Fähigkeiten. Paris spricht auch von einer Neigung zu weiten Reisen.

Herausforderungsaspekte Opposition/Quadrat Sonne/Neptun
Subtile gegenseitige Abhängigkeiten mit anderen Menschen, also das, was die Amerikaner »Co-Dependency« nennen; Täter-Opfer-Snydrom, Märtyrerneigungen, Tendenz zur (Selbst-)Täuschung. Konflikte ergeben sich aus dem Widerstreit zwischen Idealismus und Skepsis sowie zwischen Anforderungen aus der irdischen Wirklichkeit und zeitweiser Wolkenkuckucksheimmentalität. Die Pläne mögen vielfältig und großartig sein, oft fehlt es aber an Beharrlichkeit und Konzentration zu ihrer Durchführung.
Klassische Deutungen sprechen auch von Genußgiften und Suchtgefahren (Alkohol, halluzinogene Drogen).

Mond/Neptun: Seele und Inspiration

Kombination von Mond/Neptun allgemein
Es geht um Sensibilität und Medialität, um Ideale und Ziele, um das Gefühl, auf einer Mission zu sein. Man möchte gern »dazugehören« und am liebsten ganz mit seiner Sache, mit dem Partner, einem Ideal oder seiner Tätigkeit eins werden.

Energieaspekt Konjunktion Mond/Neptun
Wollen Sie sichtbar sein oder unsichtbar? Sie neigen einmal stärker dazu, allein zu sein, sehnen sich ein anderes Mal aber danach, von anderen Menschen angenommen und verstanden zu werden. Sie sind auf jeden Fall auf der Suche nach ihrer wahren Identität.
Glauben Sie an Ihre seelische Inspiration, und bemühen Sie sich, ihr eine realistische Form des äußeren Ausdrucks zu geben. Jede kreative Tätigkeit zum Beispiel wird Sie »erden« und dennoch Ihren Träumen genug Raum lassen.

Förderungsaspekte Trigon/Sextil Mond/Neptun
Künstlerische Gaben, sensibles Wesen, Feinfühligkeit, reiche Phantasie und deutliche Träume, starke Wünsche, Medialität und die Gabe zur inneren Schau kennzeichnen diesen Aspekt. Nehmen Sie auch das mit dazu, was ich unter Konjunktion angeführt habe.

Herausforderungsaspekte Opposition/Quadrat Mond/Neptun
Spannungen tauchen auf, wenn sich abgehobene Wunschträume, die für diese Aspekte typisch sind, an den Realitäten des Alltags reiben. Einerseits möchte man festhalten, andererseits nachgeben. Mitgefühl und Mitleid vermischen sich leicht, so daß das Urteil getrübt wird. Be-

einflußbarkeit, Schicksalskrisen, Haltlosigkeit und daraus resultierende Suchtgefahren sind weitere Facetten.
Die Chance dieses Aspekts besteht darin, eine hohe seelische Sensibilität in einer angemessenen und stabilen Weise konstruktiv, nicht verträumt zu nutzen!

Merkur/Neptun: Intelligenz und Vision

Kombination von Merkur/Neptun allgemein
Themen dieser Planetenkombination sind Vervollkommnung, Rechtfertigung, Imagination, Phantasie, Spiritualität und Offenbarung; manchmal auch Gesundheit. Für Geldgeschäfte eher von fragwürdigem Nutzen; am besten noch im Bereich von Kunst, Theater, Literatur oder Esoterik.

Energieaspekt Konjunktion Merkur/Neptun
In Ihnen ist intuitives Einfühlungsvermögen und tiefgründiges Denken; Sie erfassen Zusammenhänge; manchmal Medialität. Unter Umständen muß man mit Unklarheiten und (Selbst-)Täuschungen rechnen. Vorsicht vor einer unkontrollierten Öffnung für mediale und/oder astrale Einflüsse. Bisweilen scheint die Gedankenkraft irgendwie »zerflossen«. (Siehe auch Förderungsaspekte und Herausforderungsaspekte, die teilweise sogar für die Konjunktion gelten.)

Förderungsaspekte Trigon/Sextil Merkur/Neptun
Ein poetischer, beflügelter und schöpferischer Geist, der sich hier Ausdruck sucht. Offenheit für Mystik, Meditation und Esoterik, aber auch Traumforschung und Tiefenpsychologie. Sie sind das, was man einen »realistischen Idealisten« nennen könnte. Sie sind fähig, Eingebungen und Offenbarungen anderen Menschen mitzuteilen. Oft haben Sie eine Vorahnung für zukünftige Ereignisse; Sie suchen nach geistigen Verbindungen, häufig in der geographischen oder kulturell-religiösen Ferne. (Siehe auch Konjunktion.)

Herausforderungsaspekte Opposition/Quadrat Merkur/Neptun
Konflikte entstehen zwischen dem Verstand und unbewußten bzw. überbewußten Dimensionen des Seins, zwischen Informationen und Intuitionen, zwischen Ordnung und »Chaos«, zwischen praktischen Alltagserwägungen und idealistischen Wünschen und Träumen. Sie müssen – oder dürfen! – lernen, daß Realität und Phantasie sich nicht ausschließen, sondern zusammen etwas Neues kreieren können.

Venus/Neptun: Liebe und Inspiration

Kombination von Venus/Neptun allgemein
Erotische Phantasien, leichte Erregbarkeit, Illusionen bzw. Projektionen in der Beurteilung von Werten in Liebe und Kunst; ausgeprägtes Harmoniestreben, Opferbereitschaft; mediale Empfänglichkeit, sensitive Liebe.

Energieaspekt Konjunktion Venus/Neptun
Verfeinertes Interesse an allen Formen von Kunst, Hang zu eigener künstlerischer Gestaltung, idealisierende bis schwärmerische Einstellung zur Liebe, Neigung zur Verbindung von Mystik und Spiritualität mit Liebe und Kunst; psychosomatische Empfindlichkeit für Stimmungsschwankungen und/oder starke Gefühle.

Förderungsaspekte Trigon/Sextil Venus/Neptun
Sehnsucht nach wahrer Liebe, Empfänglichkeit für alles Gute, Schöne und Wahre; guter Geschmack, fein entwickelter Sinn für Kunst und Ästhetik, sinnliche Erregbarkeit, künstlerische Phantasie.

Herausforderungsaspekte Opposition/Quadrat Venus/Neptun
Ernüchterung und Enttäuschungen im Liebesleben, Geschmacksverirrungen, Unbeständigkeit im beruflichen Tun, mitunter Unsicherheit in den Gefühlen oder leichte Verführbarkeit; erotische Verirrungen.

Mars/Neptun: Trieb und Phantasie

Kombination von Mars/Neptun allgemein
Eingebungen, phantasievolle Pläne, Hilfe zur rechten Zeit.

Energieaspekt Konjunktion Mars/Neptun
Tatkraft, die aus dem Unbewußten gespeist wird; Träume wahrmachen wollen; schwankende Orientierung im Leben; moralischer Mut; sensitive Libido.

Förderungsaspekte Trigon/Sextil Mars/Neptun
Ausgleich von individuellen und kollektiven Bedürfnissen sowie von Selbstdarstellungsdrang und Anpassungsbereitschaft; außenbezogene Direktheit und gleichzeitig innen erlebte Transzendenz.

Herausforderungsaspekte Opposition/Quadrat Mars/Neptun
Konflikt zwischen Eigensucht und Opferbereitschaft, zwischen Anerkennungsdrang und Zurückgezogenheit, zwischen dem Schwert und der Feder, zwischen Jetzt und dem Zeitlosen.

Jupiter/Neptun: Entfaltung und Seele

Kombination von Jupiter/Neptun allgemein
Man geht idelaistischen Neigungen nach; Glaube, Moral und Spiritualität, Esoterik oder Mystik spielen eine wichtige Rolle. Man überschreitet Grenzen und hegt hohe Erwartungen; schöpferische Kräfte, die aus unbewußten oder überbewußten Quellen gespeist werden.

Energieaspekt Konjunktion Jupiter/Neptun
Idealismus, Mystik, Bemühung um höchste Werte und »Heiligung« (= Ganzwerdung), kreative Imagination, Träume, Sinn für Kunst; verfeinerte Erotik bzw. sensible Sinnlichkeit. Eventuell auch Scheinheiligkeit oder Phantastereien.

Förderungsaspekte Trigon/Sextil Jupiter/Neptun
Ähnlich wie die Konjunktion, aber noch harmonischer und ohne eher negative Seite. Fürsorglichkeit, Großzügigkeit, Empfänglichkeit, Offenheit – dies führt zu inneren und äußerlichen Vorteilen. Möglicherweise gute mediale Anlagen.

Herausforderungsaspekte Opposition/Quadrat Jupiter/Neptun
Konflikte wollen gelöst werden, wenn folgende polare Neigungen des Menschen gleichberechtigt nach Verwirklichung drängen: Möglichkeiten und Wünsche, Gesetze und Visionen, Wahrheit und Mitgefühl.
Eventuell auch Verluste durch Spekulationen oder Verführungen, Haltlosigkeit; Ent-Täuschungen; selbstverursachte Skandale.

Saturn/Neptun: Wirklichkeit und Phantasie

Kombination von Saturn/Neptun allgemein
Opfer(bereitschaft), religiöser Halt, Missionsdrang, Suche oder Sucht nach Vollkommenheit.

Energieaspekt Konjunktion Saturn/Neptun
Aufopferung, Grenzen, Disziplin; mediale Anlagen.

Förderungsaspekte Trigon/Sextil Saturn/Neptun
Inspiration, mediale Anlagen; Arbeit und Streben richtet sich auch nach höheren Werten aus.

Herausforderungsaspekte Opposition/Quadrat Saturn/Neptun
Zwiespalt der Gefühle und Konflikte zwischen Geboten und Träumen, Realismus und Phantasie, Objektivität und Subjektivität, Konkretem und Transzendentem.

Uranus/Neptun: Unabhängigkeit und kosmisches Bewußtsein

Kombination von Uranus/Neptun allgemein
Während ein Schlüsselwort zum Uranus »Lösung des Ichs« lautet, heißt das entsprechende Stichwort zum Neptun »Lösung vom Ich«. Wir haben es also mit zwei gegenläufigen Prinzipien zu tun. In ihrer Kombination führen sie bei weniger bewußt lebenden Menschen oft zu emotionaler und mentaler Unklarheit, bei bewußten Menschen können sie zur intuitiven und persönlichen Verwirklichung von hohen Idealen beitragen.

Energieaspekt Konjunktion Uranus/Neptun
Die betroffenen Jahrgänge werden sich vermutlich als »innerlich aufgewühlt« empfinden. Sie spüren den Drang zur befreiten und neuen Definition ihrer Persönlichkeit und ahnen zumindest gleichzeitig, daß das Leben sie auf überpersönliche Weise anspricht und »ruft«, das Ich in eine größere, spirituelle Einheit einfließen zu lassen.

Förderungsaspekte Trigon/Sextil Uranus/Neptun
Mittun in einer Gemeinschaft und notwendiger Ausgleich im Alleinsein können gut miteinander verbunden werden. Wissen kann zu Weisheit werden, äußere Erregung zu innerer Stille. Eingebungen, Auslandskontakte und Fernreisen, Öffnung für Religion und Esoterik.

Herausforderungsaspekte Uranus/Neptun
Konflikte zwischen Logik und Intuition, persönlichen Wünschen und spirituellen Zielen, Auflehnung und Anpassung, Teilhabe und Opfer. Seelische Reizbarkeit, Illusionen, geschwächte Vitalität.

Neptun/Neptun: Traum und Mystik
Aspekte zwischen Neptun und Neptun tauchen nur beim Vergleich von Horoskopen auf, zum Beispiel beim Partnerschaftsvergleich, sowie

bei Transiten. Da der Neptun sehr langsam läuft und sich etwa 14 Jahre in jedem Tierkreiszeichen aufhält, gibt es bei einer durchschnittlichen Lebensdauer als Transite meist nur Sextil, Quadrat und Trigon, seltener die Opposition und gar nicht die Konjunktion.

Neptun/Pluto: Sehnsucht nach Einheit und tiefgreifende Transformation

Zwischen Neptun und Pluto gibt es in Geburtshoroskopen unseres Jahrhunderts als wichtigeren Aspekt nur das Sextil. Aufgrund der besonderen Umlaufbahn und Umlaufcharakteristik des Pluto im Verhältnis zum Neptun ergab und ergibt sich dieses Sextil mehrere Male über lange Zeiträume hinweg. Dieser Aspekt betrifft daher vor allem das »Karma der Welt«. Beide Planeten sind am Rande unseres Sonnensystems und bilden damit eine Art Übergang oder Brücke zum Kosmos. »Die Menschheit muß die Gelegenheit nutzen, um universelle Liebe (Neptun) kraftvoll auszudrücken und das ungeheure plutonische Potential voll und schöpferisch zu nutzen, das die Wissenschaft zur Verfügung gestellt hat.«
Das schreiben die Astrologen Sakoian und Acker in ihrem Buch »The Astrologer's Handbook«.

Mondknoten/Neptun

Kombination von Mondknoten/Neptun allgemein
Vorahnungen über Ereignisse im Leben, Sehnsucht nach Auflösung von Karma, Einfühlung in Schicksale anderer.

Energieaspekt Konjunktion des Neptun mit aufsteigendem Mondknoten
Sie verstehen es, Brücken zu schlagen zwischen hohen spirituellen Ebenen und der Aufnahme- und Verständnisfähigkeit der Durchschnittsmenschen. Sie sind von Mitgefühl für eine leidende und/oder unwissende Menschheit erfüllt und hegen umfassende humanitäre Ideale. Diese können Sie auch verwirklichen, wenn Sie sich nicht von »karmischem Umweltschmutz« überschütten lassen. Ab und zu müssen Sie auch zeitweise »zumachen«!

Energieaspekt Konjunktion des Neptun mit absteigendem Mondknoten
Sie neigen dazu, sich in rosarot gefärbten Schwärmereien und Idealisierungen des Lebens zu verlieren – sicher mit den besten Absichten und voller guter Menschheitswünsche. Sie werden allerdings auf Ihrem Weg zur Auflösung von Karma und zur wahren Freiheit der

Seele rascher weiterkommen, wenn Sie Realismus und Urteilsfähigkeit ihren legitimen Raum geben.

Förderungsaspekte Trigone/Sextile des Neptun zur Mondknotenachse
Sie verbinden Offenheit und Inspiration aus höheren geistigen Dimensionen mit der Gabe, Ihre Einsichten auch konstruktiv in den Alltag einzubringen. Sie können Interessen für Meditation, Mystik und Metaphysik entwickeln, ohne deshalb gleich in Wolkenkuckucksheime umzuziehen.

Herausforderungsaspekte Quadrate des Neptun zur Mondknotenachse
Blockierte Bewußtseinsenergien, vor allem ein erschwerter Zugang zu Schichten des Überbewußtseins, der Inspiration und der Phantasie, lassen Sie leicht unzufrieden mit sich und der Welt werden. Der Ausweg ist dann aber nicht in esoterischer Spökenkiekerei oder gar bei Genußgiften zu finden, sondern nur in einer Bewußtseinsklärung. Dabei sollten Sie auch Ihren Intellekt benutzen – das ist nicht gegen die Spielregeln des Lebens und nimmt zudem nichts von der angestrebten Seelentiefe fort.

Neptun-AC/DC-Achse

Energieaspekt Konjunktion Neptun-Aszendent (das ist gleichzeitig eine Opposition zum Deszendenten)
Diese Menschen sind sensibel und sensitiv, sie besitzen mediale Talente, sind anpassungsfähig bis zur Selbstverleugnung, oft aber auch unentschlossen, leicht beeinflußbar und undeutlich im Ausdruck ihrer Persönlichkeit. Nicht selten empfinden sich diese Menschen als Opfer der Umstände, denen sie sich aus ihnen unklaren Gründen nicht gewachsen fühlen.

Energieaspekt Konjunktion Neptun-Deszendent (das ist gleichzeitig eine Opposition zum Aszendenten)
Man sucht nach etwas in privaten und beruflichen Partnerschaften, ohne recht zu wissen, wonach genau. Solche Menschen sind stark darauf ausgerichtet, von Partnern angenommen zu werden; das kann bis zur (Selbst-)Täuschung und Abhängigkeit gehen. Die Partner, mit denen man Verbindungen unterhält, sprechen eine verborgene Seite an. Dies ist ein »Opfer-Aspekt« insofern, als man dazu neigt, sich von herausragenden Leitbildern vereinnahmen zu lassen und das eigene Leben übermäßig auf solche Außensteuerungen einzurichten.

Förderungsaspekte Trigone/Sextile Neptun-AC/DC-Achse
Sensible Harmonie zwischen eigenen Idealen und höheren Zielen, die vom Partner angesprochen werden. Reiche Phantasie und vielseitiger künstlerischer und musischer Ausdruck sowie Sinn für Ästhetik. Angenehm im Umgang, Inspiration für andere, offen für seelisches Mitgefühl, von Herzen kommende Hilfeleistungen.

Herausforderungsaspekte Quadrate Neptun-AC/DC-Achse
Gefühlsverwirrung oder mentale Konfusion darüber, wie man eigene Bedürfnisse und Partnerwünsche sinnvoll und für einen selbst befriedigend in Ausgleich bringen kann. Oft sogar Unklarheit darüber, worin die eigenen und die Partnerwünsche überhaupt bestehen. Daraus kann jedoch die Kraft der Erfahrung erwachsen, gerade was persönliche und partnerschaftliche Ziele, Ideale und Projektionen angeht, zwar weiterhin empfindsam zu bleiben, aber auf mehr Klärung zu achten.

Neptun-MC/IC-Achse

Energieaspekt Konjunktion Neptun-Medium coeli (das ist gleichzeitig eine Opposition zum Imum coeli)
Hochgesteckte Ziele, idealistische soziale und geschäftliche Visionen und Absichten, Sensibilität und fast mediale Einstimmung auf Erfolg. Unter Umständen Illusionen über berufliche und gesellschaftliche Aufgaben und Verantwortlichkeiten.

Energieaspekt Konjunktion Neptun-Imum coeli (das ist gleichzeitig eine Opposition zum Medium coeli)
Energiezufluß aus den seelischen Quellen des Unbewußten, tiefe innere Gewißheit über die Verbindung alles Lebens, gefühlvolles Familienbewußtsein. In der zweiten Lebenshälfte Neigung zur Verinnerlichung. Unter Umständen (Selbst-)Zweifel und unbestimmte Ängste in bezug auf das äußere und/oder innere Heim bzw. Heimat.

Förderungsaspekte Trigone/Sextile Neptun-MC/IC-Achse
Harmonisches Gleichgewicht zwischen der Suche nach Verwirklichung von Idealen in der äußeren Welt und der Hinwendung an eigenes inneres spirituelles Erleben. Sehnsüchte der Seele und Einsicht in die auch irdisch-körperlichen Bedürfnisse des Lebens befruchten sich gegenseitig. Damit können diese Menschen auch anderen als Vorbild einer »positiven Mystik« dienen.

Herausforderungsaspekte Quadrate Neptun-MC/IC-Achse
Ungewißheit oder Unentschiedenheit über den Vorrang äußerer oder innerer, gesellschaftlicher oder familiärer, sozialer oder spiritueller Ideale und Lebensweisen. Gefahr der Stagnation. Wenn erkannt wird, daß das Leben sowohl das eine wie das andere, sowohl die körperlich-mentale als auch die seelisch-spirituelle Entwicklung dringend benötigt, kann aus der Spannung eine Kraft zur Verwirklichung des »Sowohl-als-Auch« erwachsen.

Manche Kurzinterpretationen in dem sonst sehr lesenswerten Nachschlagewerk »Kombination der Gestirneinflüsse« von Reinhold Ebertin (Ebertin Verlag, Freiburg) über Neptunverbindungen mit der AC/DC-Achse und der MC/IC-Achse kann ich übrigens nicht bestätigen. Dort ist in diesem Zusammenhang u. a. die Rede von »Mangel an Durchsetzungskraft« und »Unsicherheit, Mangel an Ichbewußtsein«. Unsere Zeit hat meines Erachtens nach eine Neubewertung der sogenannten Übeltäter und der transpersonalen Planeten nötig und möglich gemacht. Wir dürfen heutzutage davon ausgehen, daß mehr Menschen bewußter leben und eine Neptunbesetzung nicht »alles Übel dieser Welt« auslöst, sondern vielmehr neue Dimensionen des Bewußtseins öffnet. Darin ist die Frage nach den althergebrachten Rollenspielen von »Durchsetzungskraft« und »Ichbewußtsein« von untergeordneter Bedeutung. Es kommt mehr auf die Anteilnahme am Leben auf diesem Planeten als einer Ganzheit an, die einen Sinn verfolgt und von uns allen Einfühlung in die Einheit der Schöpfung fordert.

Was steht im Horoskop bis zur Jahrtausendwende?
Ein Planetenkalender für 1994 bis 2000

In diesem Abschnitt finden Sie bildhafte Übersichten zum Lauf der Planeten während jedes Vierteljahres von 1994 bis 2000. Diese Grafiken sollen dazu dienen, daß Sie auf einen Blick erkennen können, wo sich die Planeten jeweils befinden und welche Aspekte zu erwarten sind zwischen den laufenden Planeten und Ihrer Sonne sowie zwischen allen laufenden Planeten selbst.

Die Übersichten sind folgendermaßen aufgebaut:

- In der Mitte steht, für welche Zeit die Grafik gilt.
- Im Ring stehen die Namen der Tierkreiszeichen. Sie finden Markierungen für jeweils 30 Grad.
- Vollmond und Neumond sind als Kreise notiert; der leere Kreisring steht für Vollmond, der vollschwarze Kreis für Neumond. Die Zahlen geben das Datum an.
- Innerhalb des Rings mit den Tierkreiszeichen finden Sie die Bahnen für Sonne, Merkur, Venus und Mars.
- Innerhalb, falls der Platz reicht, oder außerhalb, sind die Planetenstände von Jupiter und Saturn vermerkt sowie die beiden Mondknoten.
- Immer außerhalb des Rings mit den Tierkreiszeichen finden Sie Uranus, Neptun und Pluto.
- Wenn ein Pfeil »gegen« den Tierkreis zeigt, ist der Planet »rückläufig« (was manchen Astrologen entweder als innen-bezogen, vertieft oder gehemmt gilt). Die Mondknoten laufen bekanntlich immer »rückwärts«.
- Wenn kein Pfeil markiert ist, bleibt der betreffende Planet in diesem Zeitraum auf einer Stelle.
- Ende und Spitze der Pfeile geben die Planetenposition am ersten und am letzten Tag des jeweiligen Vierteljahres an.

Wir haben keine Gradzahlen in diese Grafiken eingetragen, damit sie so übersichtlich wie möglich bleiben. Sie können die Gradzahlen anhand der Markierungen selbst ablesen: der Anfang eines Tierkreiszeichens ist immer 0 Grad, das Ende 30 Grad.

Wichtige Aspekte der laufenden Planeten untereinander
Konjunktion (0 Grad), Opposition (180 Grad), Quadrat (90 Grad) und Trigon (120 Grad) gelten als die wichtigsten Aspekte. Bei Beteiligung von Jupiter, Saturn, Uranus, Neptun, Pluto und Mondknoten kann man das Sextil (60 Grad) noch dazurechnen.
Sie können anhand der 30-Grad-Markierungen innerhalb der zwölf Tierkreiszeichen die Aspekt-Abstände selbst ablesen.
Für alle Aspekte zwischen Geburtsplaneten und laufenden Planeten sowie für die Aspekte der laufenden Planeten untereinander trifft zu, daß sie ihre »Wirkung« nicht unbedingt an dem Tag entwickeln, an dem der Aspekt exakt wird, also genau die Gradzahl 0, 90, 120 etc. einnimmt, sondern auch früher und/oder später. Persönlich unterschiedlich kann sich ein Aspekt schon bei 5–10 Grad Abstand der Planeten bemerkbar machen oder erst bei 1–2 Grad.
Allgemein kann man sagen, daß
- Aspekte von Sonne, Mond, Merkur, Venus und Mars untereinander nur einen oder wenige Tage wirken;
- Aspekte von Sonne, Mond, Merkur, Venus und Mars zu Jupiter, Saturn, Uranus, Neptun, Pluto und den Mondknoten etwa eine Woche wirken;
- Aspekte von Jupiter, Saturn, Uranus, Neptun, Pluto und den Mondknoten untereinander etliche Wochen wirken können. Diese Aspekte bilden sich selten, da diese »Langsamläufer« seltener über die Aspektpunkte laufen.

Siehe auch das Kapitel über Aspekte ab Seite 55.

Sie finden meine knapp gefaßten Deutungsvorschläge für ausgewählte Neptunaspekte. Aspekte des Mondes sind nicht vermerkt, weil sie sich jeden Monat wiederholen und für sich genommen keine große Aussagekraft haben.
Aspekte von Sonne, Merkur und Venus zum Neptun beziehen sich im Regelfall eher auf persönliche Befindlichkeiten und weniger auf größere gesellschaftliche Entwicklungen. Ausnahme: Wenn »harte« Aspekte, also Konjunktionen, Opposition oder Quadrate solcher Planeten mit dem Neptun, mit anderen »harten« Aspekten anderer Planeten zum Neptun zusammenfallen. Zur Bedeutung dieser Aspekte können Sie im Kapitel über Neptunaspekte nachlesen.

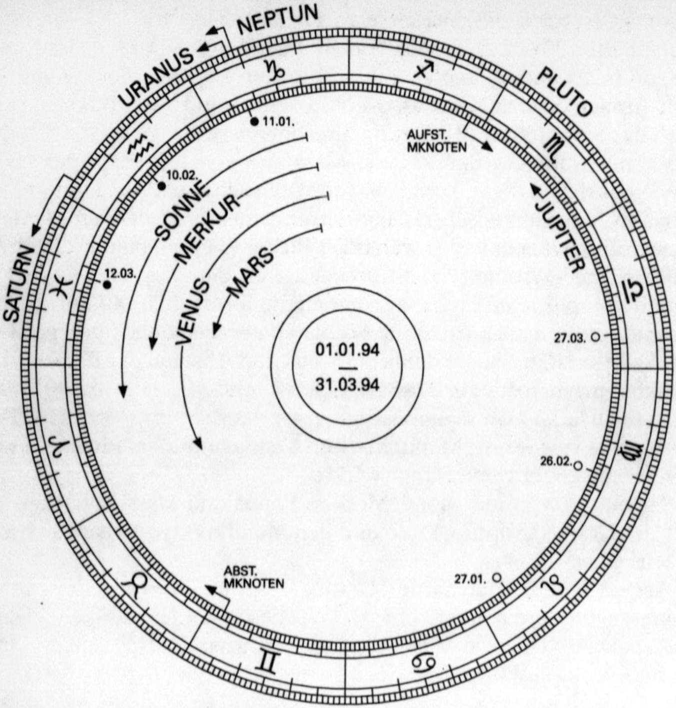

1.1.1994 – 31.3.1994			
Sonne	11 Grad Steinbock	Jupiter	10 Grad Skorpion
Mondknoten	3 Grad Schütze	Saturn	27 Grad Wassermann
Merkur	9 Grad Steinbock	Uranus	22 Grad Steinbock
Venus	7 Grad Steinbock	Neptun	21 Grad Steinbock
Mars	10 Grad Steinbock	Pluto	28 Grad Skorpion

Neumond	11.1.	22 Grad Steinbock
Vollmond	27.1.	7 Grad Löwe
Neumond	10.2.	22 Grad Wassermann
Vollmond	26.2.	8 Grad Jungfrau
Neumond	12.3.	12 Grad Fische
Vollmond	27.3.	7 Grad Waage

R = rückläufig; D = direktläufig

Wichtige Neptunaspekte I/1994

8.1. Merkur Konjunktion Neptun
11.1. Sonne Konjunktion Neptun
12.1. Venus Konjunktion Neptun
16.1. Mars Konjunktion Neptun

Die Marskonjunktion bringt Chancen zur geistigen Inspiration aus höheren Dimensionen und eine Öffnung des Bewußtseins mit sich. Gleichzeitig wächst aber auch das Risiko der (Selbst-)Täuschung durch falsche Urteile. Achtung bei Suchtneigungen.

Die Konjunktionsballungen insgesamt betonen die Bedeutung der Neptunqualitäten im Januar. Nun hängt es vom einzelnen Horoskop und von unserer Bewußtseinsentwicklung ab, ob wir uns eher unsicher, konfus oder gar angstvoll fühlen (und uns deshalb vor allen vorschnellen Entschlüssen hüten sollten) oder ob wir sicher alle Täuschungsversuche um uns herum durchschauen und einmalige Gelegenheiten wahrzunehmen imstande sind.

2.3. Venus Sextil Neptun
13.3. Sonne Sextil Neptun
27.3. Venus Quadrat Neptun

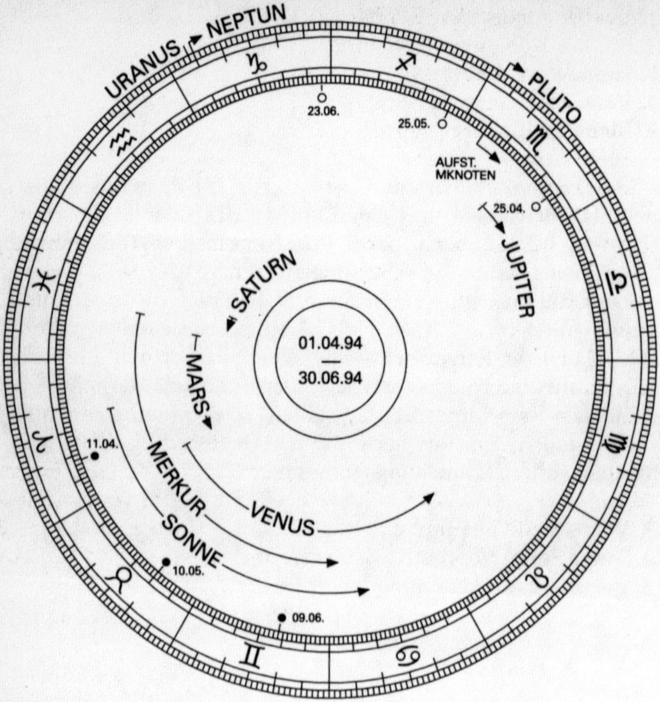

1.4.1994 – 30.6.1994

Sonne	12 Grad Widder	Jupiter R	14 Grad Skorpion
Mondknoten	25 Grad Skorpion	Saturn	8 Grad Fische
Merkur	17 Grad Fische	Uranus	26 Grad Steinbock
Venus	30 Grad Widder	Neptun	24 Grad Steinbock
Mars	20 Grad Fische	Pluto R	28 Grad Skorpion

25.4. Neptun R 24 Grad Steinbock

Neumond 11.4. 21 Grad Widder
Vollmond 25.4. 6 Grad Skorpion
Neumond 10.5. 20 Grad Stier Sonnenfinsternis
Vollmond 25.5. 4 Grad Schütze Mondfinsternis
Neumond 9.6. 19 Grad Zwillinge
Vollmond 23.6. 2 Grad Steinbock

Wichtige Neptunaspekte II/1994

5.4. Merkur Sextil Neptun
6.4. Mars Sextil Neptun
13.4. Sonne Quadrat Neptun
20.4. Venus Trigon Neptun
22.4. Merkur Quadrat Neptun

Im April verheißt das Marssextil zum Neptun Einfühlungsvermögen und sensiblen, geschickten Umgang mit anderen Menschen, der Ziele erreichen läßt.

6.5. Merkur Trigon Neptun
14.5. Sonne Trigon Neptun
15.5. Mars Quadrat Neptun

Das Marsquadrat warnt: Hüten Sie sich vor den Schalmeienklängen gesellschaftlicher Gruppen oder Parteien, die das nüchterne Urteil trüben und Menschen in unabsehbare Aktivitäten verwickeln oder zu Entscheidungen drängen wollen, die sich später als Irrtum und Täuschung entpuppen.

9.6. Venus Opposition Neptun
23.6. Mars Trigon Neptun

Das Marstrigon zum Neptun bringt eine gute Zeit, sich den feineren Genüssen des Lebens zu widmen, wie Kunst, Theater und Musik. Auch günstig, um zu meditieren!

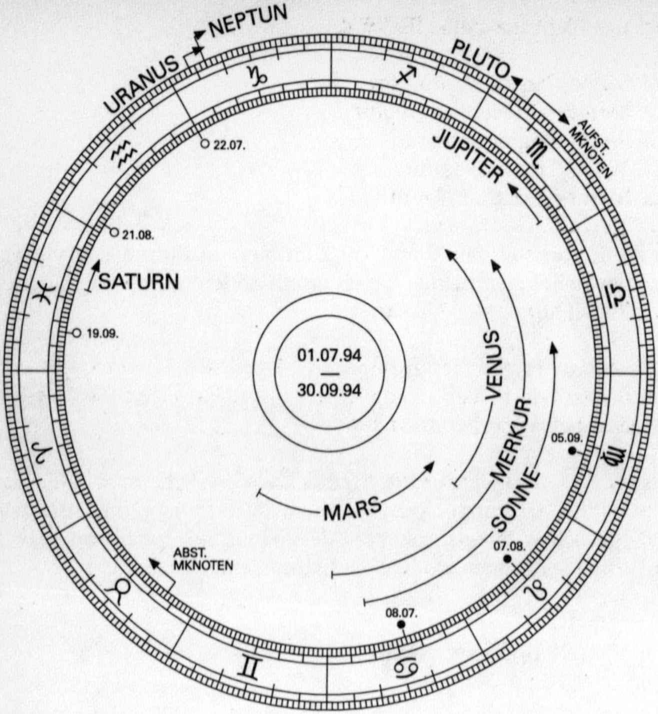

1.7.1994 – 30.9.1994

Sonne	9 Grad Krebs	Jupiter R	5 Grad Skorpion
Mondknoten	23 Grad Skorpion	Saturn R	12 Grad Fische
Merkur R	1 Grad Krebs	Uranus R	26 Grad Steinbock
Venus	19 Grad Löwe	Neptun R	23 Grad Steinbock
Mars	28 Grad Stier	Pluto R	26 Grad Skorpion

Neumond	8.7.	17 Grad Krebs
Vollmond	22.7.	30 Grad Steinbock
Neumond	7.8.	15 Grad Löwe
Vollmond	21.8.	28 Grad Wassermann
Neumond	5.9.	13 Grad Jungfrau
Vollmond	19.9.	27 Grad Fische

Wichtige Neptunaspekte III/1994

14.7. Sonne Opposition Neptun
29.7. Merkur Opposition Neptun
30.7. Venus Trigon Neptun

28.8. Venus Quadrat Neptun
29.8. Merkur Trigon Neptun

13.9. Sonne Trigon Neptun
18.9. Mars Opposition Neptun

Nach einer Periode der »einfachen« Wege zum Erfolg tauchen jetzt wieder nachhaltige Täuschungsgefahren auf. Es gilt, nach einem klaren und sicherem Wertgefühl zu handeln.

18.9. Merkur Quadrat Neptun

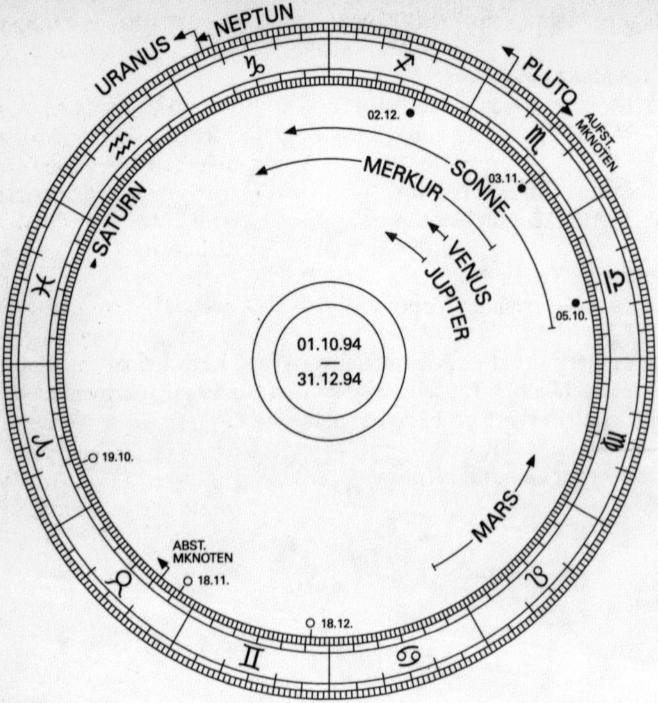

1.10.1994 – 31.12.1994

Sonne	8 Grad Waage	Jupiter	16 Grad Skorpion
Mondknoten	16 Grad Skorpion	Saturn R	7 Grad Fische
Merkur	4 Grad Skorpion	Uranus R	23 Grad Steinbock
Venus	16 Grad Skorpion	Neptun R	21 Grad Steinbock
Mars	28 Grad Krebs	Pluto	27 Grad Skorpion

2.10. Neptun D 21 Grad Steinbock

Neumond	5.10.	12 Grad Waage
Vollmond	19.10.	26 Grad Widder
Neumond	3.11.	11 Grad Skorpion Sonnenfinsternis
Vollmond	18.11.	26 Grad Stier Mondfinsternis
Neumond	2.12.	11 Grad Schütze
Vollmond	18.12.	26 Grad Zwillinge

Wichtige Neptunaspekte IV/1994

14.10. Sonne Quadrat Neptun
28.10. Venus Sextil Neptun

13.11. Sonne Sextil Neptun
24.11. Merkur Sextil Neptun

30.12. Venus Sextil Neptun

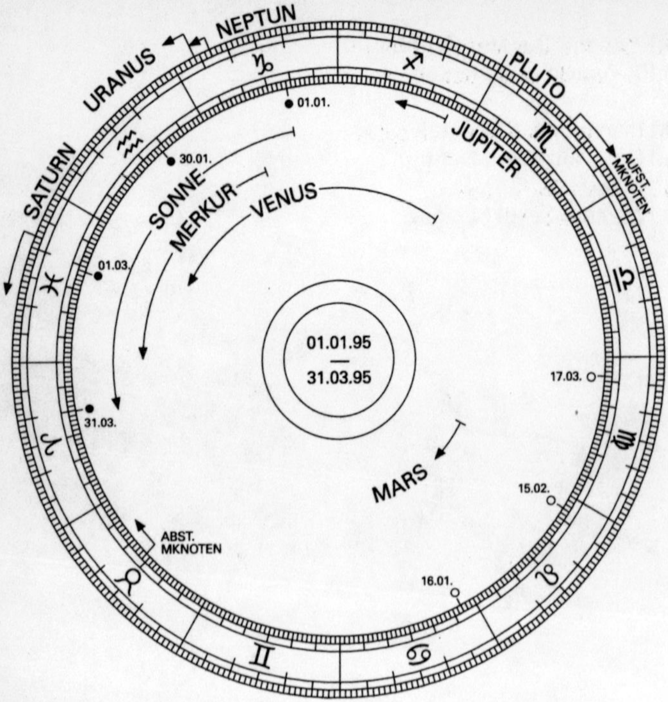

1.1.1995 – 31.3.1995

Sonne	11 Grad Steinbock	Jupiter	5 Grad Schütze
Mondknoten	14 Grad Skorpion	Saturn	8 Grad Fische
Merkur	21 Grad Steinbock	Uranus	26 Grad Steinbock
Venus	24 Grad Skorpion	Neptun	23 Grad Steinbock
Mars	3 Grad Jungfrau	Pluto	30 Grad Skorpion

Neumond	1.1.	11 Grad Steinbock
Vollmond	16.1.	27 Grad Krebs
Neumond	30.1.	11 Grad Wassermann
Vollmond	15.2.	27 Grad Löwe
Neumond	1.3.	11 Grad Fische
Vollmond	17.3.	26 Grad Jungfrau
Neumond	31.3.	10 Grad Widder

Wichtige Neptunaspekte I/1995

2.1. Merkur Konjunktion Neptun
13.1. Sonne Konjunktion Neptun

26.2. Venus Konjunktion Neptun

16.3. Sonne Sextil Neptun
30.3. Merkur Sextil Neptun

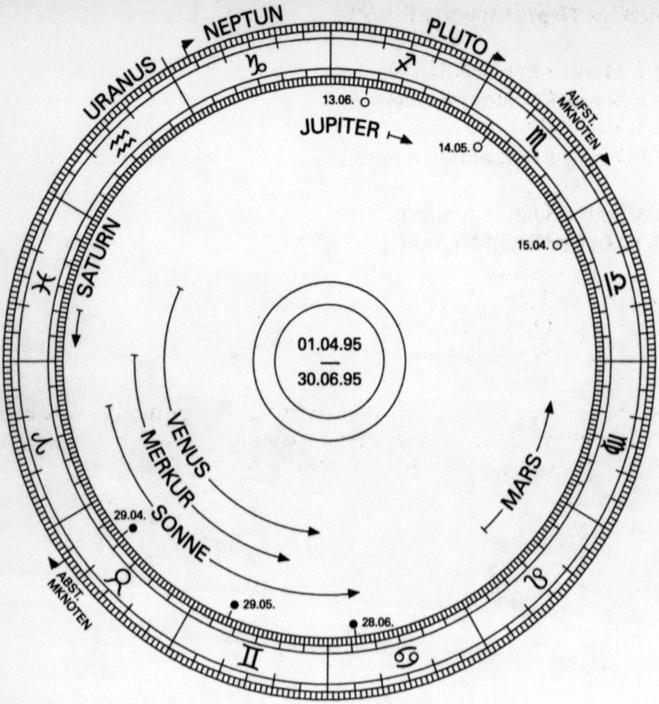

1.4.1995 – 30.6.1995

Sonne	11 Grad Widder	Jupiter R	16 Grad Schütze
Mondknoten	6 Grad Skorpion	Saturn	19 Grad Fische
Merkur	28 Grad Fische	Uranus	30 Grad Steinbock
Venus	5 Grad Fische	Neptun	26 Grad Steinbock
Mars	14 Grad Löwe	Pluto R	1 Grad Schütze

27.4. Neptun R 26 Grad Steinbock

Vollmond	15.4.	26 Grad Waage Mondfinsternis
Neumond	29.4.	9 Grad Stier Sonnenfinsternis
Vollmond	14.5.	24 Grad Skorpion
Neumond	29.5.	8 Grad Zwillinge
Vollmond	13.6.	22 Grad Schütze
Neumond	28.6.	6 Grad Krebs

Wichtige Neptunaspekte II/1995

15.4. Merkur Quadrat Neptun
15.4. Sonne Quadrat Neptun
18.4. Venus Sextil Neptun
30.4. Merkur Trigon Neptun

13.5. Venus Quadrat Neptun
16.5. Sonne Trigon Neptun

6.6. Venus Trigon Neptun
9.6. Venus Opposition Pluto
27.6. Saturn Sextil Neptun

Das Sextil des Saturn zum Neptun bringt einigermaßen harmonische Auflösung alter Strukturen und einen sanften, wenn auch vielleicht vorgetäuschten Übergang zu neuen Idealen.

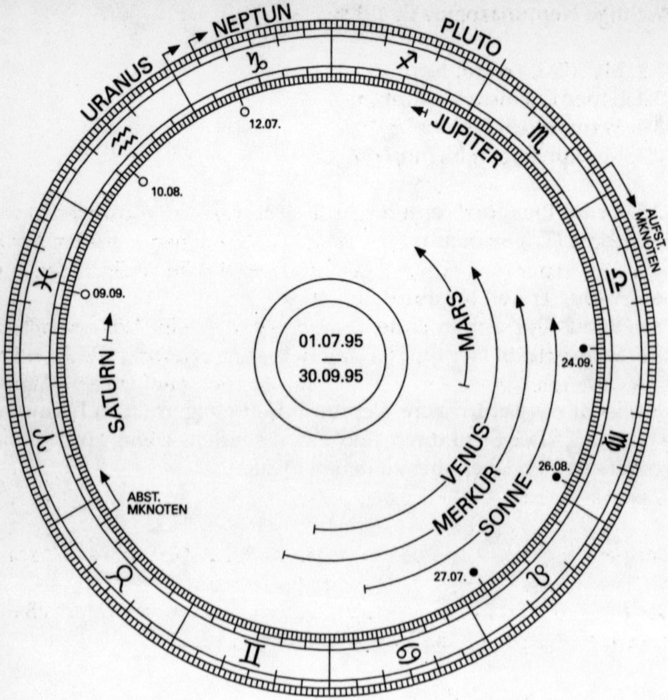

1.7.1995 – 30.9.1995

Sonne	9 Grad Krebs	Jupiter R	8 Grad Schütze
Mondknoten	4 Grad Skorpion	Saturn	25 Grad Fische
Merkur R	17 Grad Zwillinge	Uranus R	30 Grad Steinbock
Venus	25 Grad Zwillinge	Neptun R	25 Grad Steinbock
Mars	19 Grad Jungfrau	Pluto R	29 Grad Skorpion

Vollmond	12.7.	20 Grad Steinbock
Neumond	27.7.	5 Grad Löwe
Vollmond	10.8.	18 Grad Wassermann
Neumond	26.8.	3 Grad Jungfrau
Vollmond	9.9.	16 Grad Fische
Neumond	24.9.	2 Grad Waage

Wichtige Neptunaspekte III/1995

11.7. Mars Trigon Neptun
17.7. Sonne Opposition Neptun
23.7. Merkur Opposition Neptun
24.7. Venus Opposition Neptun

Nutzen Sie Ihr plötzlich stimuliertes Interesse an künstlerischen oder esoterischen Wissensgebieten, belegen Sie einen Selbsterfahrungs- oder Weiterbildungskurs, öffnen Sie sich für die seelisch-spirituellen Inspirationen, die Ihnen jetzt zufließen.
Die Ballung von Oppositionen bringt eventuell eine Reihe von Enttäuschungen mit sich, die Sie aber meistern können, wenn Sie sich Ihre eigenen Energien einsetzen und sich nicht zu sehr auf andere Menschen verlassen.

17.8. Saturn Sextil Neptun
27.8. Mars Quadrat Neptun

Das Saturnsextil verheißt Inspiration in der Arbeit und ein Bedürfnis nach mehr geistigen Werten im Leben.
Das Marsquadrat bringt sanfte Verführungen oder plötzliche scheinbar günstige Gelegenheiten. Prüfen Sie jedoch genau!

10.9. Venus Trigon Neptun
16.9. Sonne Trigon Neptun

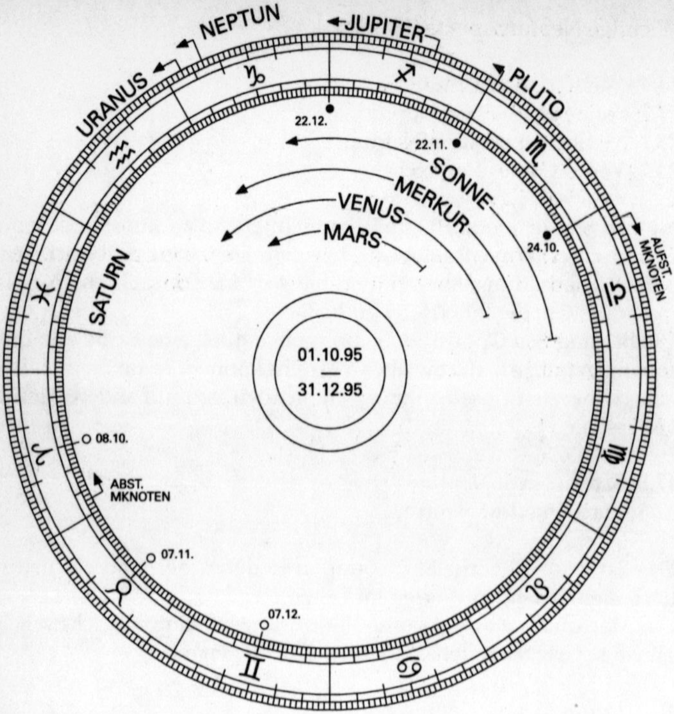

1.10.1995 – 32.12.1995

Sonne	8 Grad Waage	Jupiter	11 Grad Schütze
Mondknoten	27 Grad Waage	Saturn R	21 Grad Fische
Merkur R	16 Grad Waage	Uranus R	27 Grad Steinbock
Venus	19 Grad Waage	Neptun R	23 Grad Steinbock
Mars	17 Grad Skorpion	Pluto	29 Grad Skorpion

5.10. Neptun D 23 Grad Steinbock

Vollmond	8.10.	15 Grad Widder Mondfinsternis
Neumond	24.10.	1 Grad Skorpion Sonnenfinsternis
Vollmond	7.11.	15 Grad Stier
Neumond	22.11.	30 Grad Skorpion
Vollmond	7.12.	15 Grad Zwillinge
Neumond	22.12.	30 Grad Schütze

Wichtige Neptunaspekte IV/1995

4.10. Venus Quadrat Neptun
10.10. Mars Sextil Neptun
16.10. Sonne Quadrat Neptun
28.10. Venus Sextil Neptun
31.10. Merkur Quadrat Neptun

Das Marssextil bringt erneut kreative Impulse, wie das Marstrigon zum Neptun im III. Quartal dieses Jahres; siehe dort.

16.11. Sonne Sextil Neptun
18.11. Merkur Sextil Neptun

17.12. Venus Konjunktion Neptun
28.12. Merkur Konjunktion Neptun

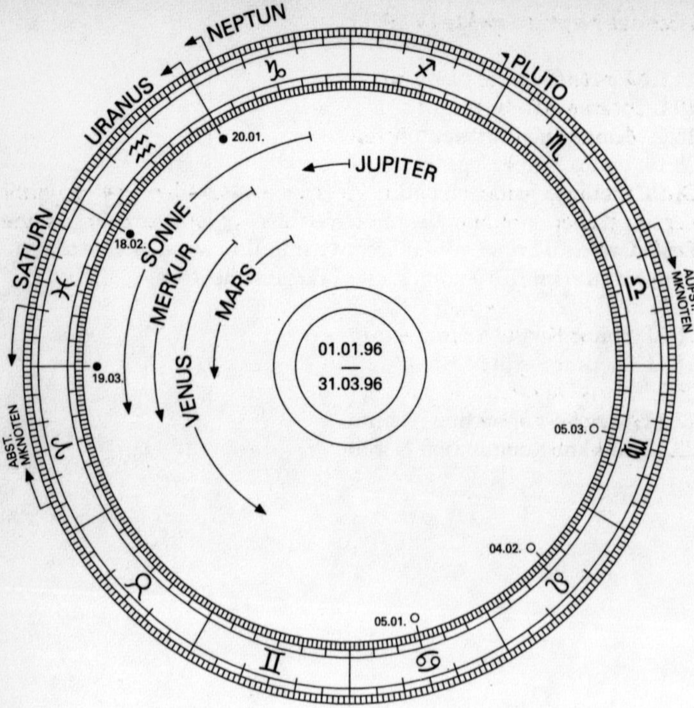

1.1.1996 – 31.3.1996

Sonne	10 Grad Steinbock	Jupiter	30 Grad Schütze
Mondknoten	24 Grad Waage	Saturn	20 Grad Fische
Merkur	29 Grad Steinbock	Uranus	30 Grad Steinbock
Venus	13 Grad Wassermann	Neptun	25 Grad Steinbock
Mars	25 Grad Steinbock	Pluto	2 Grad Schütze

Vollmond	5.1.	15 Grad Krebs
Neumond	20.1.	30 Grad Steinbock
Vollmond	4.2.	16 Grad Löwe
Neumond	18.2.	30 Grad Wassermann
Vollmond	5.3.	16 Grad Jungfrau
Neumond	19.3.	30 Grad Fische

Wichtige Neptunaspekte I/1996

1.1. Mars Konjunktion Neptun
16.1. Sonne Konjunktion Neptun
20.1. Merkur Konjunktion Neptun

Die Marskonjunktion verstärkt einerseits die künstlerische Inspiration, vernebelt aber womöglich andererseits den klaren Blick für materielle Realitäten.

5.2. Venus Sextil Neptun
11.2. Merkur Konjunktion Neptun

3.3. Venus Quadrat Neptun
17.3. Sonne Sextil Neptun
22.3. Merkur Sextil Neptun

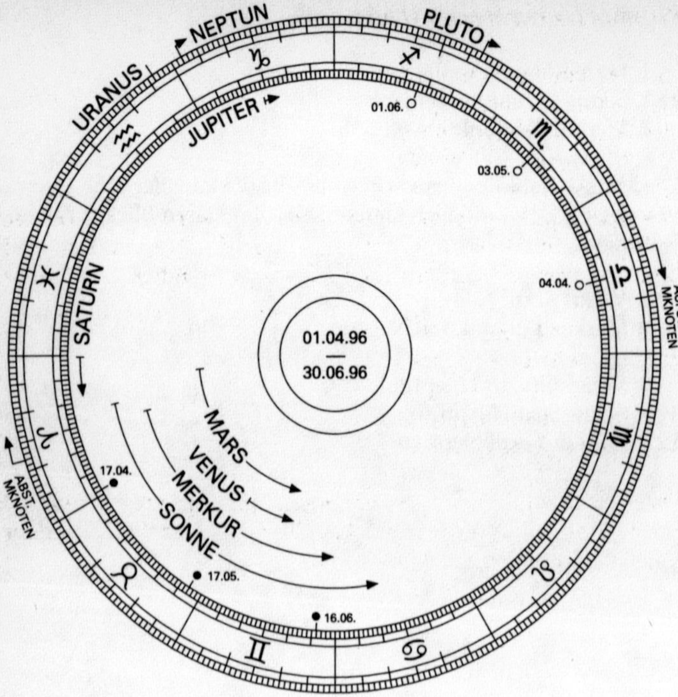

1.4.1996 – 30.6.1996

Sonne	12 Grad Widder	Jupiter	16 Grad Steinbock
Mondknoten	18 Grad Waage	Saturn	30 Grad Fische
Merkur	16 Grad Widder	Uranus	4 Grad Wassermann
Venus	28 Grad Stier	Neptun	28 Grad Steinbock
Mars	6 Grad Widder	Pluto R	3 Grad Schütze

29.4. Neptun R 28 Grad Steinbock

Vollmond	4.4.	15 Grad Waage Mondfinsternis
Neumond	17.4.	29 Grad Widder Sonnenfinsternis
Vollmond	3.5.	14 Grad Skorpion
Neumond	17.5.	27 Grad Stier
Vollmond	1.6.	12 Grad Schütze
Neumond	16.6.	26 Grad Zwillinge

Wichtige Neptunaspekte II/1996

6.4. Merkur Quadrat Neptun
17.4. Sonne Quadrat Neptun
29.4. Merkur Trigon Neptun
29.4. Mars Quadrat Neptun

Das Marsquadrat weist auf eine Chance hin, sich bewußt zu machen, welche Werte es wirklich wert sind. Andererseits stellt dieser Aspekt politisch gesehen eine Verwässerung von notwendigen Aktionen dar.

8.5. Merkur Trigon Neptun
18.5. Sonne Trigon Neptun

8.6. Mars Trigon Neptun
11.6. Merkur Trigon Neptun

Das Marstrigon heißt: »Nehmen Sie sich Zeit, gönnen Sie sich Muße, Stille, Kunstgenuß, die Schönheit der Natur. Lassen Sie sich wieder von innen her inspirieren und beflügeln!«

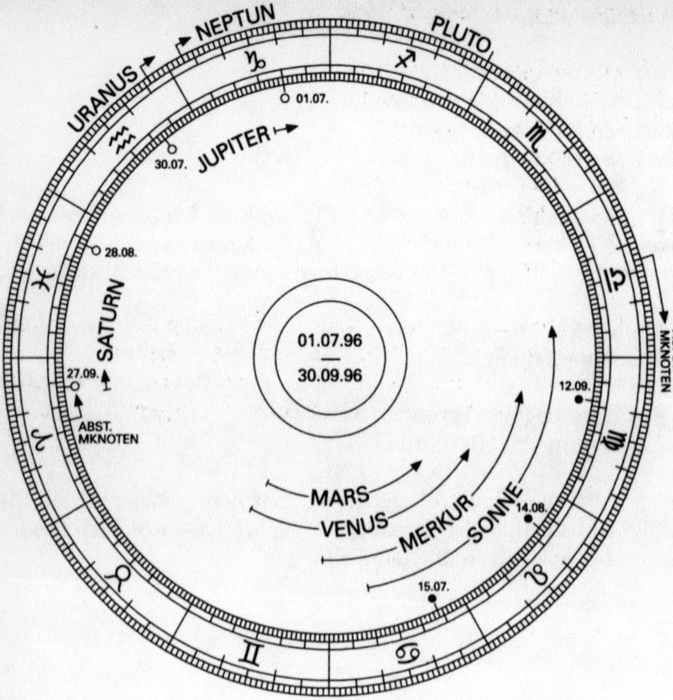

1.7.1996 – 30.9.1996

Sonne	10 Grad Krebs	Jupiter R	14 Grad Steinbock
Mondknoten	13 Grad Waage	Saturn	8 Grad Widder
Merkur	28 Grad Zwillinge	Uranus R	4 Grad Wassermann
Venus R	12 Grad Zwillinge	Neptun R	27 Grad Steinbock
Mars	13 Grad Zwillinge	Pluto R	1 Grad Schütze

Vollmond	1.7.	10 Grad Steinbock
Neumond	15.7.	24 Grad Krebs
Vollmond	30.7.	8 Grad Wassermann
Neumond	14.8.	22 Grad Löwe
Vollmond	28.8.	6 Grad Fische
Neumond	12.9.	21 Grad Jungfrau
Vollmond	27.9.	5 Grad Widder Mondfinsternis

Wichtige Neptunaspekte III/1996

14.7. Merkur Opposition Neptun
18.7. Sonne Opposition Neptun
20.8. Merkur Trigon Neptun

2.9. Mars Opposition Neptun
2.9. Venus Opposition Neptun
17.9. Merkur Trigon Neptun
17.9. Sonne Trigon Neptun

Die Marsopposition um Neptun – die gleichzeitig mit einer Marskonjunktion zur Venus, der niedrigeren Oktave des Neptun stattfindet – zeigt »gemischte Gefühle«, Zweifel an der partnerschaftlichen Gemeinsamkeit oder eine ungewöhnliche Begegnung an.

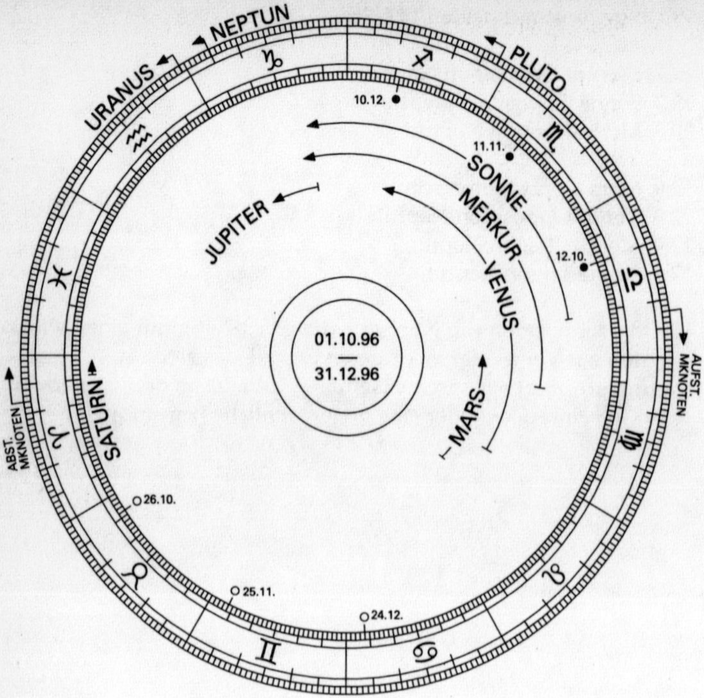

1.10.1996 – 31.12.1996

Sonne	9 Grad Waage	Jupiter	9 Grad Steinbock
Mondknoten	8 Grad Waage	Saturn R	4 Grad Widder
Merkur	21 Grad Jungfrau	Uranus R	1 Grad Wassermann
Venus	27 Grad Löwe	Neptun R	25 Grad Steinbock
Mars	14 Grad Löwe	Pluto	2 Grad Schütze

6.10. Neptun D 25 Grad Steinbock

Neumond	12.10.	20 Grad Waage Sonnenfinsternis
Vollmond	26.10.	4 Grad Stier
Neumond	11.11.	20 Grad Skorpion
Vollmond	25.11.	4 Grad Zwillinge
Neumond	10.12.	19 Grad Schütze
Vollmond	24.12.	4 Grad Krebs

Wichtige Neptunaspekte IV/1996

5.10. Merkur Trigon Neptun
18.10. Sonne Quadrat Neptun
24.10. Merkur Quadrat Neptun
25.10. Venus Trigon Neptun

11.11. Merkur Sextil Neptun
17.11. Sonne Sextil Neptun
19.11. Venus Quadrat Neptun

14.12. Venus Sextil Neptun
24.12. Mars Trigon Neptun

Der Marsaspekt zum Neptun ist eine echte »Weihnachtskonstellation«. Neptun als Symbol mystischer Sehnsucht und kosmischen Bewußtseins und Mars als mutiger und einsatzfreudiger Vorkämpfer für Ziele, die sich wirklich lohnen, werden dringend notwendige kraftvolle spirituelle Impulse geben können.

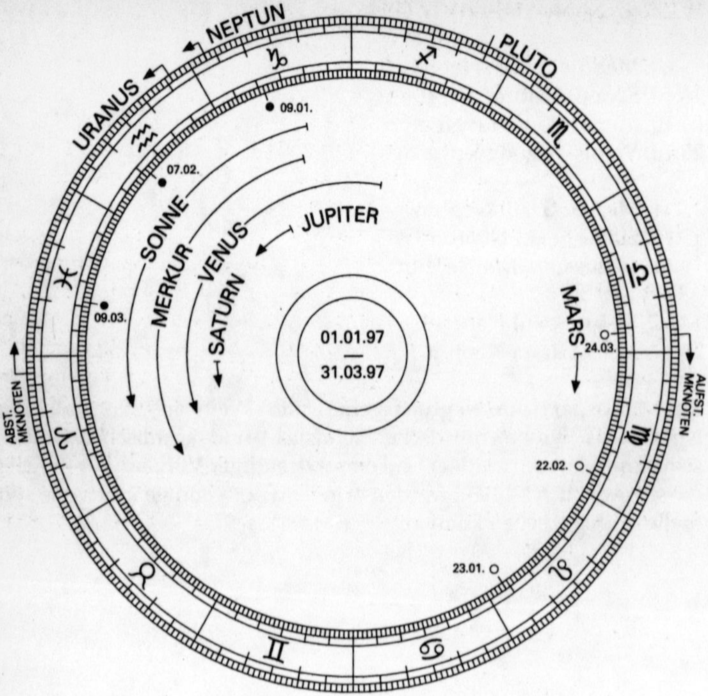

1.1.1997 – 31.3.1997

Sonne	11 Grad Steinbock	Jupiter	26 Grad Steinbock
Mondknoten	3 Grad Waage	Saturn	2 Grad Widder
Merkur R	14 Grad Steinbock	Uranus	4 Grad Wassermann
Venus	19 Grad Schütze	Neptun	27 Grad Steinbock
Mars	30 Grad Jungfrau	Pluto	5 Grad Schütze

Neumond	9.1.	19 Grad Steinbock
Vollmond	23.1.	4 Grad Löwe
Neumond	7.2.	19 Grad Wassermann
Vollmond	22.2.	4 Grad Jungfrau
Neumond	9.3.	19 Grad Fische Sonnenfinsternis
Vollmond	24.3.	4 Grad Waage Mondfinsternis

Wichtige Neptunaspekte I/1997

9.1. Jupiter Konjunktion Neptun
19.1. Sonne Konjunktion Jupiter

Die Jupiter/Neptun-Konjunktion verheißt u. a. Wochen der fruchtbaren Imagination und schöpferischen Inspiration, des künstlerischen Schaffensdrangs und der religiösen Offenheit.

Allerdings ist die Kehrseite dieser auf den ersten Blick so wunderschönen Medaille leichte Verführbarkeit, Traumtänzerei und Illusionen. Diese Merkmale dürften sich vor allem in Politik und Gesellschaft, in Wirtschaft und Kultur bemerkbar machen. denn wir sind ja meistens noch nicht wach und bewußt genug, unter den vielen Rattenfängerparolen die wenigen wahrhaftig positiven Verheißungen richtig herauszuhören. Damit bringt dieser Aspekt für den einzelnen eine Fülle phantastischer Entfaltungsmöglichkeiten, für die planetarische Gemeinschaft aber leider wohl hauptsächlich Gefahren. (Ich hoffe sehr, daß meine Beurteilung des kollektiven Bewußtseins von Politik und Machtverhältnissen sowie der Menschen, die sie tragen, zu pessimistisch sein mögen!)

1.2. Venus Konjunktion Neptun
8.2. Merkur Konjunktion Neptun

20.3. Sonne Sextil Neptun
22.3. Venus Sextil Neptun

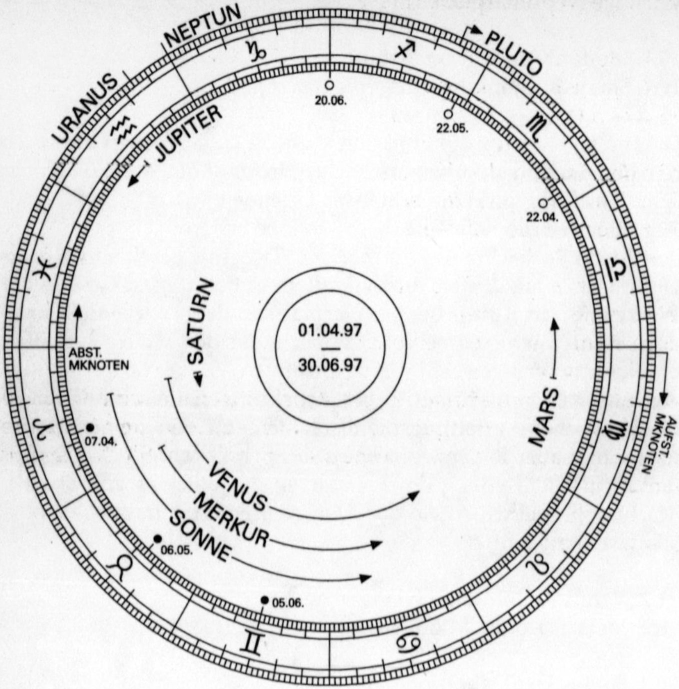

1.4.1997 – 30.6.1997

Sonne	12 Grad Widder	Jupiter	16 Grad Wassermann
Mondknoten	29 Grad Jungfrau	Saturn	11 Grad Widder
Merkur	30 Grad Widder	Uranus	8 Grad Wassermann
Venus	11 Grad Widder	Neptun	30 Grad Steinbock
Mars R	22 Grad Jungfrau	Pluto R	6 Grad Schütze

1.5. Neptun R 30 Grad Steinbock

Neumond	7.4.	18 Grad Widder
Vollmond	22.4.	3 Grad Skorpion
Neumond	6.5.	17 Grad Stier
Vollmond	22.5.	2 Grad Schütze
Neumond	5.6.	15 Grad Zwillinge
Vollmond	20.6.	30 Grad Schütze

Wichtige Neptunaspekte II/1997

1.4. Merkur Quadrat Neptun
16.4. Venus Quadrat Neptun
19.4. Sonne Quadrat Neptun

5.5. Merkur Quadrat Neptun
10.5. Venus Trigon Neptun
12.5. Merkur Quadrat Neptun

8.6. Merkur Trigon Neptun
17.6. Mars Trigon Neptun
28.6. Venus Opposition Neptun

Das Marstrigon unterstützt jetzt Bemühungen um eine Harmonisierung und Verfeinerung des Lebens, um eine Öffnung für Inspiration aus höheren Ebenen und die Bemühung um vertiefte Meditationserfahrungen.

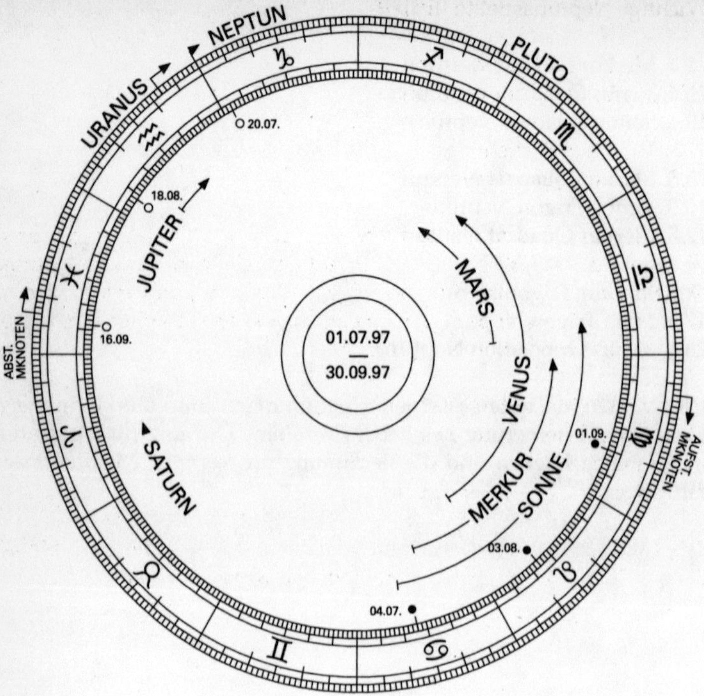

1.7.1997 – 30.9.1997

Sonne	10 Grad Krebs	Jupiter R	22 Grad Wassermann
Mondknoten	23 Grad Jungfrau	Saturn	20 Grad Widder
Merkur	16 Grad Krebs	Uranus R	8 Grad Wassermann
Venus	3 Grad Löwe	Neptun R	30 Grad Steinbock
Mars	6 Grad Waage	Pluto R	4 Grad Schütze

Neumond	4.7.	13 Grad Krebs
Vollmond	20.7.	28 Grad Steinbock
Neumond	3.8.	12 Grad Löwe
Vollmond	18.8.	26 Grad Wassermann
Neumond	1.9.	10 Grad Jungfrau Sonnenfinsternis
Vollmond	16.9.	24 Grad Fische Mondfinsternis

Wichtige Neptunaspekte III/1997

7.7. Merkur Opposition Neptun
21.7. Sonne Opposition Neptun

11.8. Mars Quadrat Neptun
15.8. Venus Trigon Neptun

Gesellschaftspolitisch machen sich Illusionen und Täuschungen breit, ein Hang zu waghalsigen und unnötigen Übertreibungen – darauf weist das Marsquadrat hin. Das folgende Venustrigon verspricht zwar eine herzliche Zuwendung zu Idealen, aber es muß fraglich bleiben, ob nicht auch hier Verblendung herrscht.

9.9. Venus Quadrat Neptun
20.9. Sonne Trigon Neptun
24.9. Mars Sextil Neptun
30.9. Merkur Trigon Neptun

Das Marssextil läutet eine kleine »Herbstpause« ein: nehmen Sie die Dinge nicht zu persönlich, entspannen Sie wieder einmal.

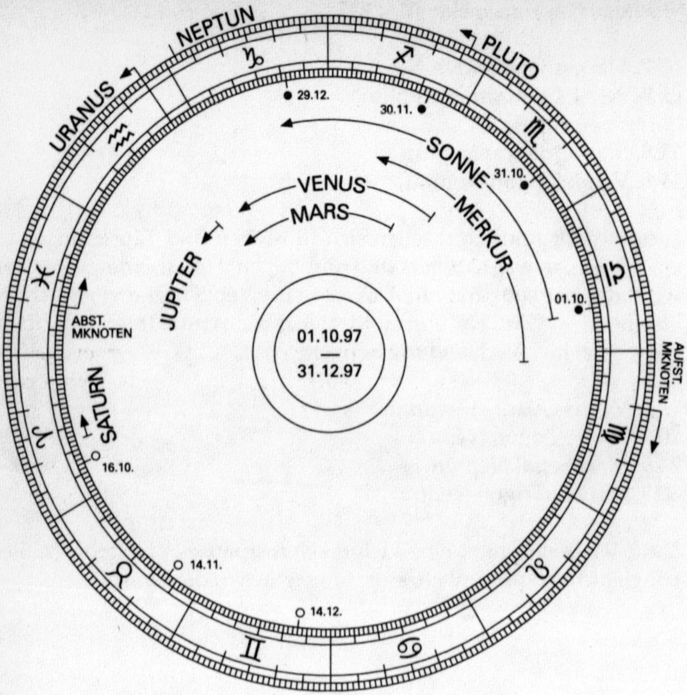

1.10.1997 – 31.12.1997

Sonne	8 Grad Waage	Jupiter R	13 Grad Wassermann
Mondknoten	20 Grad Jungfrau	Saturn R	18 Grad Widder
Merkur	28 Grad Jungfrau	Uranus R	5 Grad Wassermann
Venus	22 Grad Skorpion	Neptun R	28 Grad Steinbock
Mars	2 Grad Schütze	Pluto	4 Grad Schütze

9.10. Neptun D 28 Grad Steinbock

Neumond	1.10.	9 Grad Waage
Vollmond	16.10.	23 Grad Widder
Neumond	31.10.	9 Grad Skorpion
Vollmond	14.11.	23 Grad Stier
Neumond	30.11.	8 Grad Schütze
Vollmond	14.12.	23 Grad Zwillinge
Neumond	29.12.	9 Grad Steinbock

Wichtige Neptunaspekte IV/1997

5.10. Venus Sextil Neptun
17.10. Merkur Quadrat Neptun
20.10. Sonne Quadrat Neptun

5.11. Merkur Sextil Neptun
19.11. Sonne Sextil Neptun

8.12. Venus Konjunktion Neptun
16.12. Mars Konjunktion Neptun

Wieder eine Tendenz zu illusionären Zielen, zur Vergeudung von Energien, eventuell Umweltverseuchung und für größere Menschengruppen die Gefahr von Vergiftungen.

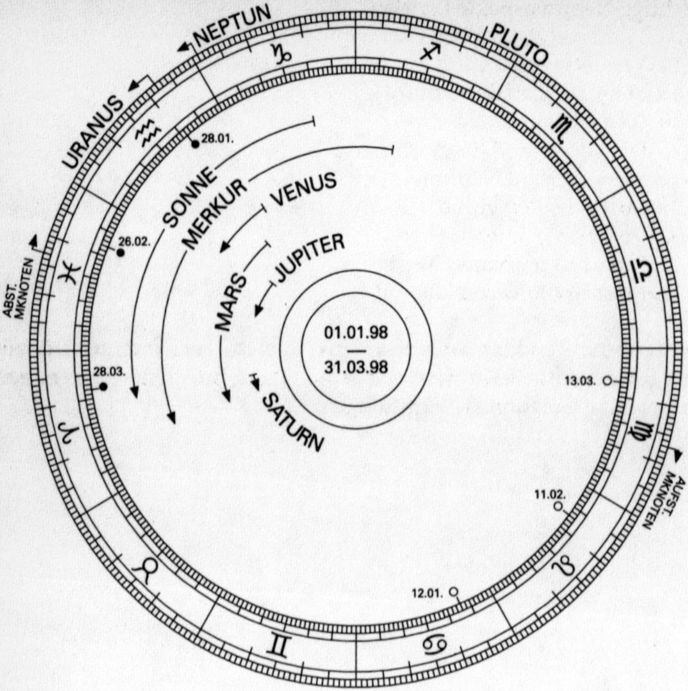

1.1.1998 – 31.3.1998

Sonne	11 Grad Steinbock	Jupiter	23 Grad Wassermann
Mondknoten	13 Grad Jungfrau	Saturn	14 Grad Widder
Merkur	19 Grad Schütze	Uranus	8 Grad Wassermann
Venus R	4 Grad Wassermann	Neptun	29 Grad Steinbock
Mars	11 Grad Wassermann	Pluto	7 Grad Schütze

Vollmond	12.1.	23 Grad Krebs
Neumond	28.1.	9 Grad Wassermann
Vollmond	11.2.	23 Grad Löwe
Neumond	26.2.	8 Grad Fische Sonnenfinsternis
Vollmond	13.3.	23 Grad Jungfrau Mondfinsternis
Neumond	28.3.	8 Grad Widder

Wichtige Neptunaspekte I/1998

11.1. Venus Konjunktion Neptun
19.1. Sonne Konjunktion Neptun

2.2. Merkur Konjunktion Neptun

6.3. Mars Sextil Neptun
6.3. Venus Konjunktion Neptun
9.3. Merkur Sextil Neptun
22.3. Sonne Sextil Neptun

Ein freundlicher März, die Kräfte fangen an, frühlingshaft zu strömen. Alle Zeichen deuten daraufhin, daß sich die Neptunqualitäten einmal ganz positiv entfalten können.

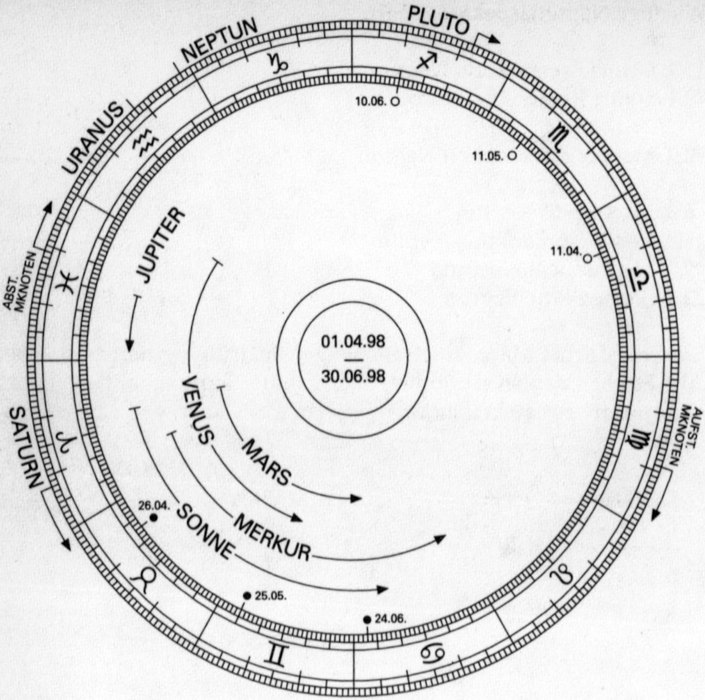

1.4.1998 – 30.6.1998

Sonne	12 Grad Widder	Jupiter	14 Grad Fische
Mondknoten	11 Grad Jungfrau	Saturn	22 Grad Widder
Merkur R	21 Grad Widder	Uranus	12 Grad Wassermann
Venus	25 Grad Wassermann	Neptun	2 Grad Wassermann
Mars	21 Grad Widder	Pluto R	8 Grad Schütze

4.5. Neptun R 3 Grad Wassermann

Vollmond	11.4.	22 Grad Waage
Neumond	26.4.	7 Grad Stier
Vollmond	11.5.	21 Grad Skorpion
Neumond	25.5.	5 Grad Zwillinge
Vollmond	10.6.	20 Grad Schütze
Neumond	24.6.	3 Grad Krebs

15.4. Mars Quadrat Neptun
22.4. Sonne Quadrat Neptun

Das Marsquadrat zum Neptun wird für viele Hoffnungen sorgen, die schnell enttäuscht werden. Man sollte seine Wünsche und Triebe bezähmen, um keine Nachteile oder Verluste zu erleiden.

5.5. Venus Sextil Neptun
16.5. Merkur Quadrat Neptun
27.5. Mars Trigon Neptun
31.5. Venus Quadrat Neptun

Das Marstrigon kann seine freundliche Stimmung nur kurzzeitig entfalten.

2.6. Merkur Trigon Neptun
25.6. Venus Trigon Neptun
25.6. Saturn Quadrat Neptun

Das Saturn/Neptun-Quadrat ragt heraus. Wirklichkeit und Phantasie. Zwiespalt von Gefühlen zwischen Realität und Träumerei, (Ent-)Täuschungen im Zusammenhang mit festgefügten Strukturen und eine schleichende Auflösung von Traditionen sind einige der Schlüsselworte zu diesem Aspekt. Dieses Quadrat dürfte von Mitte Juni bis Mitte Juli die Weltlage entscheidend beeinflussen. Wir müssen mit falschen Friedensangeboten und ungerechtfertigtem Vertrauen in die vermeintliche Stabilität der eigenen politischen Positionen rechnen.

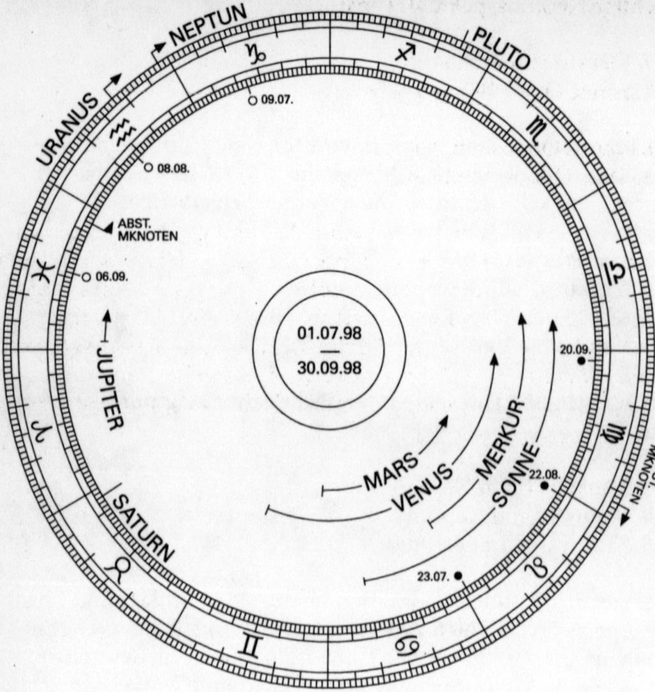

1.7.1998 – 30.9.1998

Sonne	9 Grad Krebs	Jupiter	28 Grad Fische
Mondknoten	3 Grad Jungfrau	Saturn	2 Grad Stier
Merkur	1 Grad Löwe	Uranus R	12 Grad Wassermann
Venus	8 Grad Zwillinge	Neptun R	2 Grad Wassermann
Mars	27 Grad Zwillinge	Pluto R	6 Grad Schütze

Vollmond	9.7.	18 Grad Steinbock
Neumond	23.7.	1 Grad Löwe
Vollmond	8.8.	16 Grad Wassermann Mondfinsternis
Neumond	22.8.	29 Grad Löwe Sonnenfinsternis
Vollmond	6.9.	14 Grad Fische Mondfinsternis
Neumond	20.9.	28 Grad Jungfrau

Wichtige Neptunaspekte III/1998

1.7. Merkur Opposition Neptun
23.7. Sonne Opposition Neptun

13.8. Venus Opposition Neptun
20.8. Mars Opposition Neptun

Die Marsopposition bildet den Abschluß und gar nicht so erfreulichen »Höhepunkt« einer Reihe von Oppositionen, welche unseren Umgang mit Idealen und Visionen, mit Einfühlungsgabe und Anpassungsfähigkeit, mit echter Opferbereitschaft und falschem Märtyrertum auf die Probe stellen. Angesichts der kommenden Wechselfälle und Umbrüche in der Gesellschaftspolitik weltweit, ist es höchste Zeit, eine innige, feste Verbindung zu den schützenden Seelenkräften aufzunehmen!

22.9. Sonne Trigon Neptun
24.9. Merkur Trigon Neptun
30.9. Venus Trigon Neptun

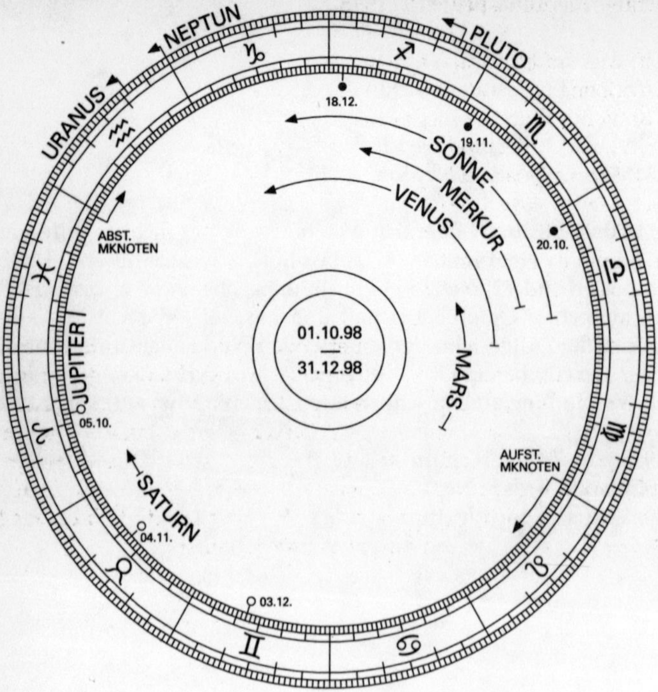

1.10.1998 – 31.12.1998

Sonne	8 Grad Waage	Jupiter R	22 Grad Fische
Mondknoten	1 Grad Jungfrau	Saturn R	2 Grad Stier
Merkur	12 Grad Waage	Uranus R	9 Grad Wassermann
Venus	1 Grad Waage	Neptun R	30 Grad Steinbock
Mars	26 Grad Löwe	Pluto	6 Grad Schütze

11.10. Neptun D 30 Grad Steinbock

Vollmond	5.10.	13 Grad Widder
Neumond	20.10.	27 Grad Waage
Vollmond	4.11.	12 Grad Stier
Neumond	19.11.	27 Grad Skorpion
Vollmond	3.12.	12 Grad Zwillinge
Neumond	18.12.	27 Grad Schütze

Wichtige Neptunaspekte IV/1998

11.10. Merkur Quadrat Neptun
23.10. Sonne Quadrat Neptun
24.10. Venus Quadrat Neptun

1.11. Saturn Quadrat Neptun
1.11. Merkur Sextil Neptun
17.11. Venus Sextil Neptun
22.11. Sonne Sextil Neptun
27.11. Mars Trigon Neptun

Das Saturnquadrat zum Neptun erscheint erneut, weil Saturn rückläufig ist. Wir müssen mit noch tiefergehenden Wirkungen der Probleme rechnen, die im Text zum selben Aspekt im II. Quartal dieses Jahres erwähnt wurden. Alte Rechnungen kommen auf den Tisch – in irgendeiner Form –, und wir neigen vermutlich dazu, uns auch jetzt noch nicht richtig und klar damit auseinanderzusetzen. Dann werden sie uns eines Tages in noch unangenehmerer Form präsentiert. Ende des Monats sorgt das Marstrigon für etwas Entspannung.

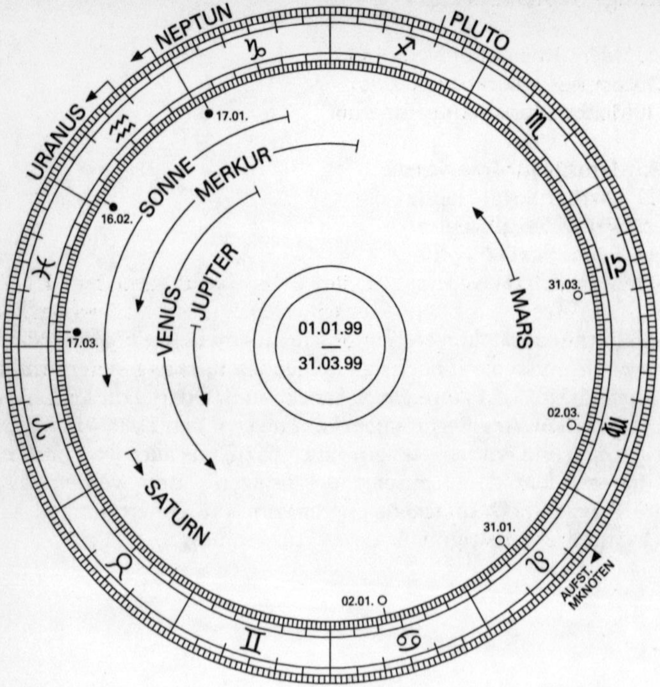

1.1.1999 – 31.3.1999

Sonne	11 Grad Steinbock	Jupiter	22 Grad Fische
Mondknoten	23 Grad Löwe	Saturn	27 Grad Widder
Merkur	22 Grad Schütze	Uranus	11 Grad Wassermann
Venus	26 Grad Steinbock	Neptun	2 Grad Wassermann
Mars	19 Grad Waage	Pluto	10 Grad Schütze

Vollmond	2.1.	12 Grad Krebs
Neumond	17.1.	28 Grad Steinbock
Vollmond	31.1.	12 Grad Löwe Mondfinsternis
Neumond	16.2.	28 Grad Wassermann Sonnenfinsternis
Vollmond	2.3.	12 Grad Jungfrau
Neumond	17.3.	27 Grad Fische
Vollmond	31.3.	11 Grad Waage

Wichtige Neptunaspekte I/1999

5.1. Venus Konjunktion Neptun
22.1. Sonne Konjunktion Neptun
27.1. Merkur Konjunktion Neptun

1.2. Mars Quadrat Neptun
24.2. Venus Sextil Neptun
27.2. Jupiter Sextil Neptun

Das Marsquadrat zeigt Unklarheiten in bezug auf die eigenen Ziele an, die allzu egoistisch verfolgt werden. Man ist für Verführungen empfänglich (im Mars-Buch heißt es an dieser Stelle aufgrund eines Druckfehlers leider falsch »verfügbar« statt »verführbar«), weil man dazu neigt, Verheißungen vermeintlicher Idole zu glauben und sich idealistischen Träumereien hinzugeben.

7.3. Merkur Sextil Neptun
12.3. Merkur Sextil Neptun
24.3. Sonne Sextil Neptun

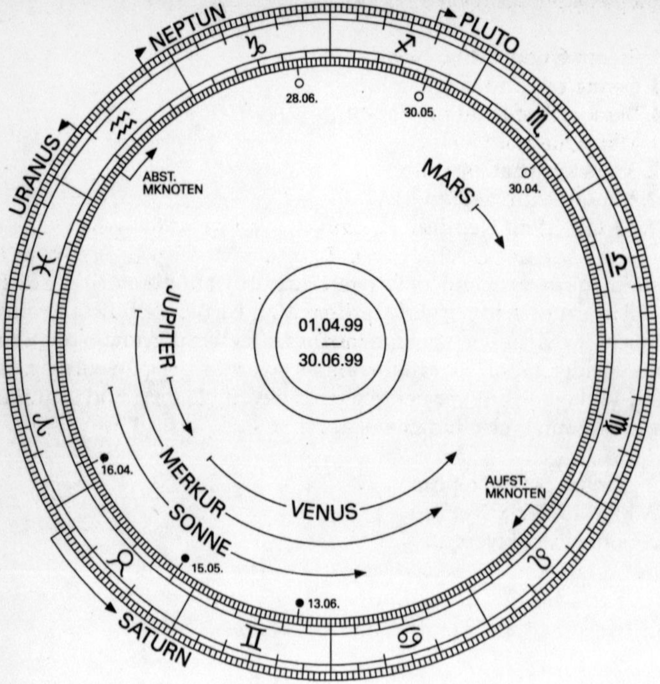

1.4.1999 – 30.6.1999

Sonne	11 Grad Widder	Jupiter	12 Grad Widder
Mondknoten	22 Grad Löwe	Saturn	4 Grad Stier
Merkur R	21 Grad Fische	Uranus	16 Grad Wassermann
Venus	17 Grad Stier	Neptun	5 Grad Wassermann
Mars R	12 Grad Skorpion	Pluto R	11 Grad Schütze

7.5. Neptun R 5 Grad Wassermann

Neumond	16.4.	26 Grad Widder
Vollmond	30.4.	10 Grad Skorpion
Neumond	15.5.	25 Grad Stier
Vollmond	30.5.	9 Grad Schütze
Neumond	13.6.	23 Grad Zwillinge
Vollmond	28.6.	7 Grad Steinbock

6.4. Saturn Quadrat Neptun
16.4. Venus Trigon Neptun
21.4. Merkur Sextil Neptun
24.4. Mars Quadrat Neptun
24.4. Sonne Quadrat Neptun

Zum dritten Mal finden wir das zuvor bereits erwähnte Saturn/Neptun-Quadrat in unseren Sternen. Zusätzlich zu den oben gemachten Ausführungen noch zwei weitere Gedanken zu diesem Aspekt. Der missionarische Drang einzelner Verführer und die Opferbereitschaft vieler Menschen führt unter Umständen zu einer »Massenhypnose« und zu katastrophalen Folgen dieser Täuschung später. Ein Mars/Neptun-Quadrat gut zwei Wochen darauf läßt Energien in die falsche Richtung gehen und vertieft die Täuschung.

11.5. Merkur Quadrat Neptun
25.5. Merkur Trigon Neptun
25.5. Sonne Trigon Neptun

10.6. Venus Opposition Neptun
30.6. Merkur Opposition Neptun

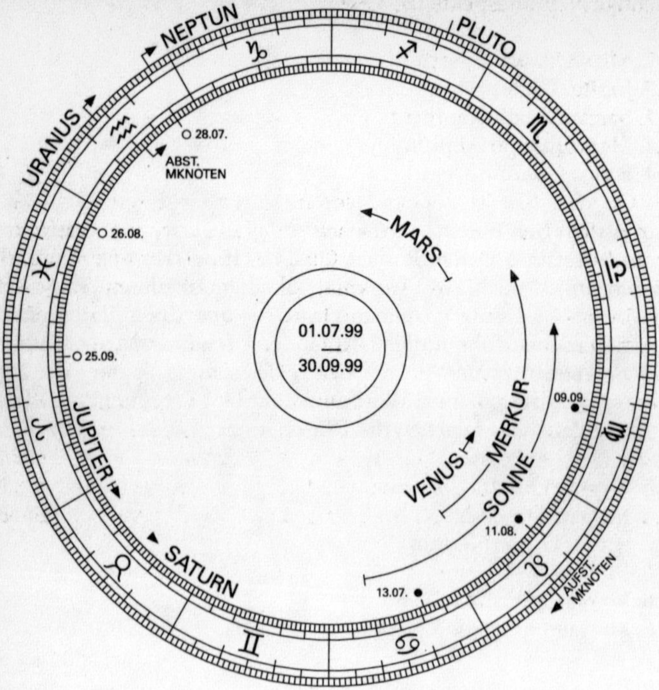

1.7.1999 – 30.9.1999

Sonne	9 Grad Krebs	Jupiter	1 Grad Stier
Mondknoten	14 Grad Löwe	Saturn	15 Grad Stier
Merkur	5 Grad Löwe	Uranus R	17 Grad Wassermann
Venus	23 Grad Löwe	Neptun R	4 Grad Wassermann
Mars	29 Grad Waage	Pluto R	9 Grad Schütze

Neumond	13.7.	21 Grad Krebs
Vollmond	28.7.	5 Grad Wassermann Mondfinsternis
Neumond	11.8.	19 Grad Löwe Sonnenfinsternis
Vollmond	26.8.	4 Grad Fische
Neumond	9.9.	17 Grad Jungfrau
Vollmond	25.9.	2 Grad Widder

14.7. Mars Quadrat Neptun
21.7. Jupiter Quadrat Neptun
26.7. Sonne Opposition Neptun
27.7. Merkur Opposition Neptun

Das Quadrat von Jupiter und Neptun ist unter diesen Aspekten der wichtigste; er wirkt sich am nachhaltigsten und am längsten aus. Ich rechne damit, daß sich seine Qualität mindestens im Juli und bis Mitte August spüren läßt. Merkmale sind Täuschungen, Enttäuschungen, Vernebelung von Absichten, Irrtümer über Ziele, Suchtgefahren, Ausschweifungen, hilfloser Aktionismus und andere moralische Schwächen, Energieverluste und Verhaltensfehler.
Dieser Aspekt greift auch die Themen auf, die sich durch die Aspekte unter den anderen Planeten ergeben. Der gemeinsame Nenner heißt »ernste weltpolitische Probleme«. Das Marsquadrat und die beiden Oppositionen in diesem Monat verstärken die negative Tendenz. Man muß mit Problemen in der internationalen Finanzwirtschaft rechnen.

5.9. Mars Sextil Neptun
17.9. Merkur Trigon Neptun

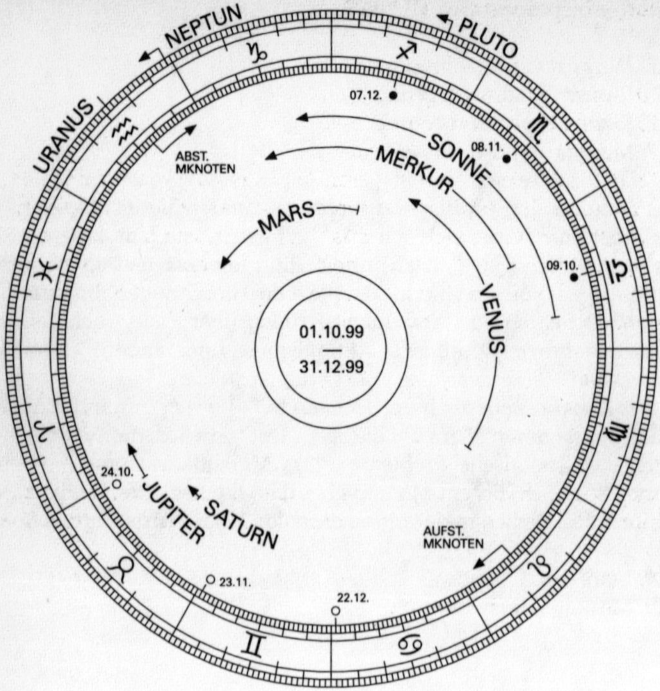

1.10.1999 – 31.12.1999

Sonne	8 Grad Waage	Jupiter R	3 Grad Stier
Mondknoten	12 Grad Löwe	Saturn R	17 Grad Stier
Merkur	24 Grad Waage	Uranus R	14 Grad Wassermann
Venus	25 Grad Löwe	Neptun R	2 Grad Wassermann
Mars	19 Grad Schütze	Pluto	9 Grad Schütze

14.10. Neptun D 2 Grad Wassermann

Neumond	9.10.	16 Grad Waage
Vollmond	24.10.	1 Grad Stier
Neumond	8.11.	16 Grad Skorpion
Vollmond	23.11.	1 Grad Zwillinge
Neumond	7.12.	16 Grad Schütze
Vollmond	22.12.	1 Grad Krebs

Wichtige Neptunaspekte IV/1999

6.10. Merkur Quadrat Neptun
11.10. Jupiter Quadrat Neptun
25.10. Sonne Quadrat Neptun

Unter den zahlreichen schwächeren Aspekten ragt wiederum das Quadrat zwischen Jupiter und Neptun heraus, das sich erneut bildet, weil der Jupiter rückläufig geworden ist. Die im Quartal zuvor beschriebenen »Lektionen« müssen immer noch gelernt werden, wir haben einige »kosmische Nachhilfestunden« zu absolvieren. Das klingt lustiger, als das Nachsitzen in der Wirklichkeit werden dürfte.

10.11. Venus Trigon Neptun
24.11. Sonne Sextil Neptun
29.11. Mars Konjunktion Neptun

Hochgespannte Erwartungen und hochfliegende Pläne, die in den kommenden Wochen und Monaten an der Wirklichkeit geprüft werden.

8.12. Venus Quadrat Neptun
12.12. Merkur Sextil Neptun

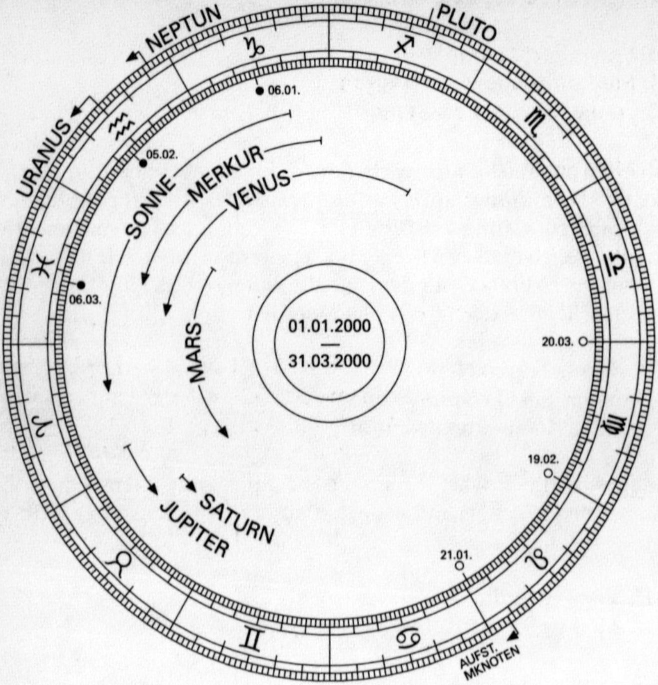

1.1.2000 – 31.3.2000

Sonne	10 Grad Steinbock	Jupiter	26 Grad Widder
Mondknoten	4 Grad Löwe	Saturn R	11 Grad Stier
Merkur	2 Grad Steinbock	Uranus	15 Grad Wassermann
Venus	1 Grad Schütze	Neptun	4 Grad Wassermann
Mars	28 Grad Wassermann	Pluto	12 Grad Schütze

Neumond	6.1.	16 Grad Steinbock
Vollmond	21.1.	1 Grad Löwe Mondfinsternis
Neumond	5.2.	17 Grad Wassermann Sonnenfinsternis
Vollmond	19.2.	1 Grad Jungfrau
Neumond	6.3.	17 Grad Fische
Vollmond	20.3.	30 Grad Jungfrau

Wichtige Neptunaspekte I/2000

2.1. Venus Sextil Neptun
21.1. Merkur Konjunktion Neptun
24.1. Sonne Konjunktion Neptun

18.2. Mars Sextil Neptun
22.2. Venus Konjunktion Neptun

16.3. Jupiter Quadrat Neptun
26.3. Sonne Sextil Neptun
31.3. Mars Quadrat Neptun

Zum dritten und vorläufig letzten Mal ergibt sich das Jupiter/Neptun-Quadrat. Das Thema der wahren menschlichen Ziele bleibt also weiterhin für einige Wochen und Monate wichtig.
Das Marsquadrat bringt sowohl politische wie private (Ent-)Täuschungen.

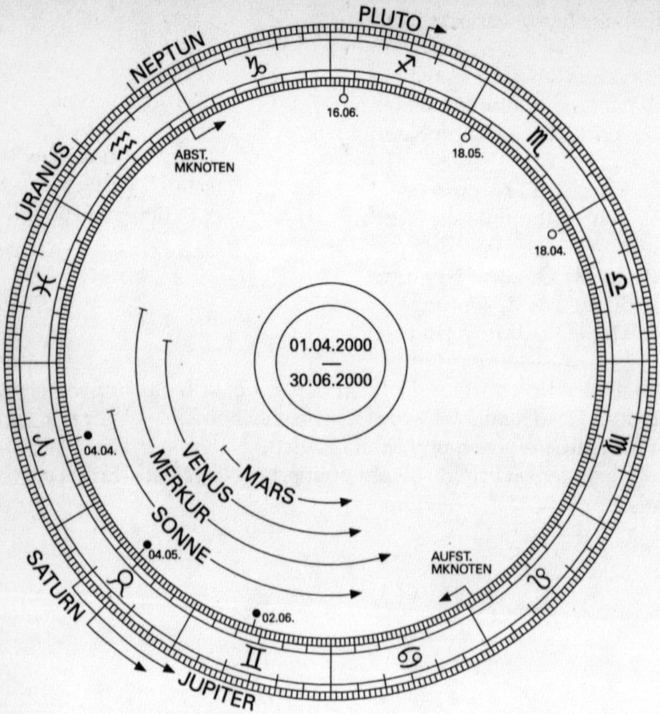

1.4.2000 – 30.6.2000

Sonne	12 Grad Widder	Jupiter	10 Grad Stier
Mondknoten	2 Grad Löwe	Saturn	16 Grad Stier
Merkur	15 Grad Fische	Uranus	20 Grad Wassermann
Venus	23 Grad Fische	Neptun	7 Grad Wassermann
Mars	7 Grad Stier	Pluto R	13 Grad Schütze

8.5. Neptun R 7 Grad Wassermann

Neumond	4.4.	16 Grad Widder
Vollmond	18.4.	29 Grad Waage
Neumond	4.5.	14 Grad Stier
Vollmond	18.5.	28 Grad Skorpion
Neumond	2.6.	13 Grad Zwillinge
Vollmond	16.6.	27 Grad Schütze

Wichtige Neptunaspekte II/2000

11.4. Venus Sextil Neptun
17.4. Merkur Sextil Neptun
26.4. Sonne Quadrat Neptun

3.5. Merkur Quadrat Neptun
6.5. Venus Quadrat Neptun
13.5. Mars Trigon Neptun
17.5. Merkur Trigon Neptun
27.5. Sonne Trigon Neptun
30.5. Venus Trigon Neptun

Die zahlreichen Trigone erlauben, sich wieder den schöneren Seiten des Lebens zu widmen, nach Monaten und Jahren der heftigsten Widersprüche und oft gewaltsamen Veränderungen wird das um so willkommener sein. (Siehe auch die Heyne Planetenbücher über Saturn und Mars mit ihren politischen Prognosen.)

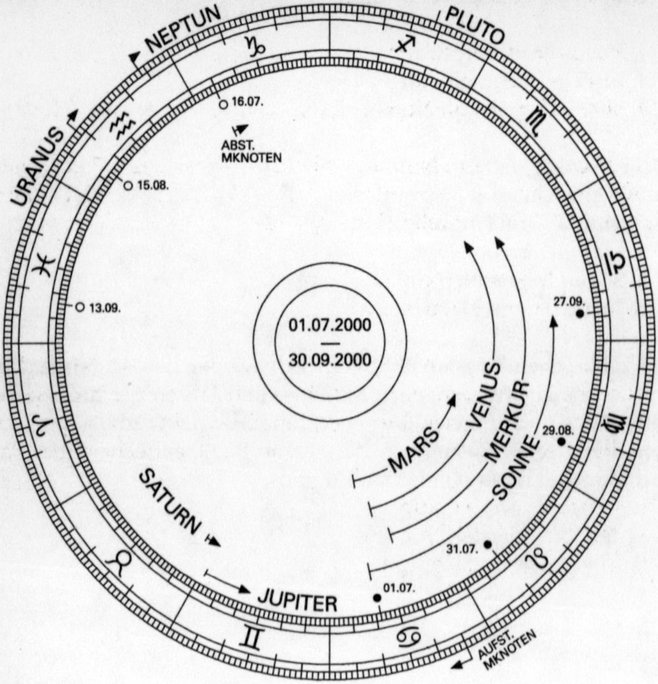

1.7.2000 – 30.9.2000

Sonne	10 Grad Krebs	Jupiter	1 Grad Zwillinge
Mondknoten	25 Grad Krebs	Saturn	27 Grad Stier
Merkur R	18 Grad Krebs	Uranus R	21 Grad Wassermann
Venus	14 Grad Krebs	Neptun R	6 Grad Wassermann
Mars	10 Grad Krebs	Pluto R	11 Grad Schütze

Neumond	1.7.	11 Grad Krebs Sonnenfinsternis
Vollmond	16.7.	25 Grad Steinbock Mondfinsternis
Neumond	31.7.	9 Grad Löwe Sonnenfinsternis
Vollmond	15.8.	23 Grad Wassermann
Neumond	29.8.	7 Grad Jungfrau
Vollmond	13.9.	22 Grad Fische
Neumond	27.9.	6 Grad Waage

17.7. Venus Opposition Neptun
27.7. Jupiter Trigon Neptun
27.7. Sonne Opposition Neptun

Das Jupitertrigon zum Neptun schließt die schwierigen Lektionen der Jupiterquadrate zu diesem Planeten ab und gibt nun echte Hilfen zum Verständnis der spirituellen Fundamente von Seele und Mensch.

8.8. Mars Opposition Neptun
9.8. Merkur Opposition Neptun

Die Marsopposition zum Neptun weist daraufhin, daß Trieb und höheres Streben in entgegengesetzte Richtungen drängen. Um so wichtiger ist es, jetzt eine Zeit der Ruhe und Stille, der Überlegung und Verinnerlichung einzulegen.

3.9. Venus Trigon Neptun
10.9. Merkur Trigon Neptun
27.9. Venus Quadrat Neptun

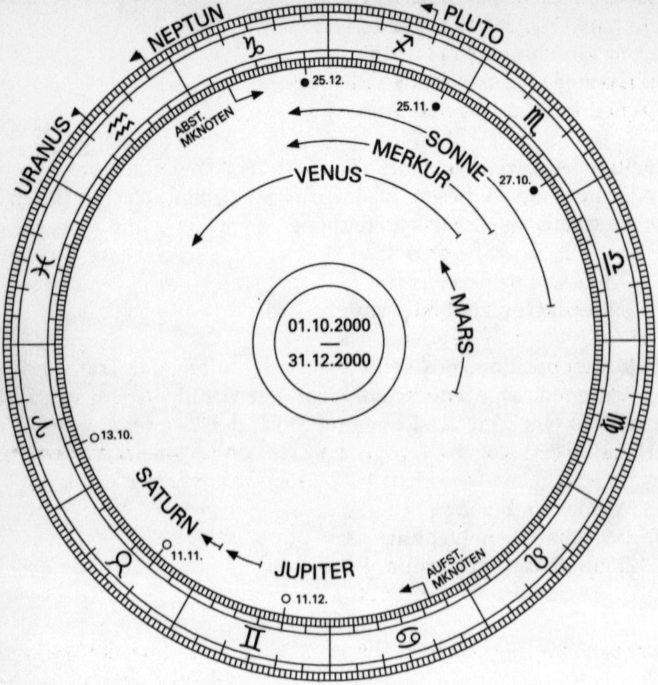

1.10.2000 – 31.12.2000

Sonne	9 Grad Waage	– 10 Grad Steinbock
Mondknoten	22 Grad Krebs	– 16 Grad Krebs
Merkur	3 Grad Skorpion	– 13 Grad Steinbock
Venus	8 Grad Skorpion	– 26 Grad Wassermann
Mars	9 Grad Jungfrau	– 5 Grad Skorpion
Jupiter R	12 Grad Zwillinge	– 3 Grad Zwillinge
Saturn R	1 Grad Zwillinge	– 25 Grad Stier
Uranus R	18 Grad Wassermann	– 19 Grad Wassermann
Neptun R	4 Grad Wassermann	– 6 Grad Wassermann
Pluto	11 Grad Schütze	– 14 Grad Schütze

15.10. Neptun D 4 Grad Wassermann

Vollmond 13.10. 21 Grad Widder

Neumond 27.10. 5 Grad Skorpion
Vollmond 11.11. 20 Grad Stier
Neumond 25.11. 4 Grad Schütze
Vollmond 11.12. 20 Grad Zwillinge
Neumond 25.12. 5 Grad Steinbock

Wichtige Neptunaspekte IV/2000

1.10. Merkur Quadrat Neptun
22.10. Venus Sextil Neptun

1.11. Merkur Quadrat Neptun
10.11. Mars Trigon Neptun
15.11. Merkur Quadrat Neptun
26.11. Sonne Sextil Neptun

Das erste Jahr des neuen Jahrtausends klingt in jeder Beziehung gemischt, aber nicht ohne einen Hoffnungsschimmer aus.

6.12. Merkur Sextil Neptun
9.12. Jupiter Trigon Neptun
12.12. Venus Konjunktion Neptun

Durch die inzwischen eingetretene Rückläufigkeit wiederholt sich das Jupitertrigon zum Neptun, das im III. Quartal angesprochen wurde.

Wo steht Ihr Neptun? Eine Übersicht von 1920 bis 1995

Die nachfolgende Aufstellung gibt an, wo der Neptun jeweils zum Beginn eines Quartals stand. Zusätzlich wird der Tag angegeben, an dem der Neptun von einem Tierkreiszeichen in ein anderes wanderte, sowie Beginn und Ende der sogenannten Rückläufigkeit. R heißt Beginn, D Ende der Rückläufigkeit. Die meisten Astrologen gehen davon aus, daß die Rückläufigkeit eines Planeten bedeutet, daß seine Qualitäten mehr introvertiert, nach innen gerichtet sind.
Die Zahlen nach den Gradzahlen sind die Minutenangaben.

1920

1. 1.	10°58	R	Löwe
1. 4.	8°50	R	Löwe
19. 4.	8°45	D	Löwe
1. 7.	10°04	D	Löwe
1.10.	13°10	D	Löwe
16.11.	13°46	R	Löwe

1921

1. 1.	13°13	R	Löwe
1. 4.	11°05	R	Löwe
21. 4.	10°58	D	Löwe
1. 7.	12°12	D	Löwe
1.10.	15°19	D	Löwe
18.11.	15°59	R	Löwe

1922

1. 1.	15°29	R	Löwe
1. 4.	13°19	R	Löwe
24. 4.	13°10	D	Löwe
1. 7.	14°20	D	Löwe
1.10.	17°28	D	Löwe
20.11.	18°11	R	Löwe

1923

1. 1.	17°44	R	Löwe
1. 4.	15°34	R	Löwe
26. 4.	15°23	D	Löwe
1. 7.	16°28	D	Löwe
1.10.	19°37	D	Löwe
23.11.	20°23	R	Löwe

1924

1. 1.	19°59	R	Löwe
1. 4.	17°47	R	Löwe
28. 4.	17°35	D	Löwe
1. 7.	18°37	D	Löwe
1.10.	21°46	D	Löwe
24.11.	22°36	R	Löwe

1925

1. 1.	22°13	R	Löwe
1. 4.	20°02	R	Löwe
30. 4.	19°48	D	Löwe
1. 7.	20°45	D	Löwe
1.10.	23°54	D	Löwe
27.11.	24°48	R	Löwe

1926

1. 1.	24°28	R	Löwe
1. 4.	22°16	R	Löwe
3. 5.	21°59	D	Löwe
1. 7.	22°52	D	Löwe
1.10.	26°02	D	Löwe
29.11.	26°59	R	Löwe

1927

1. 1.	26°43	R	Löwe
1. 4.	24°31	R	Löwe
5. 5.	24°12	D	Löwe
1. 7.	25°00	D	Löwe
1.10.	28°09	D	Löwe
2.12.	29°11	R	Löwe

1928
1. 1. 28°57 R Löwe
1. 4. 26°44 R Löwe
7. 5. 26°23 D Löwe
1. 7. 27°10 D Löwe
22. 9. 0°01 D Jungfrau
1.10. 0°18 D Jungfrau
3.12. 1°23 R Jungfrau

1929
1. 1. 1°10 R Jungfrau
20.2. 29°59 R Löwe
1. 4. 28°59 R Löwe
9. 5. 28°35 D Löwe
1. 7. 29°18 D Löwe
25. 7. 0°01 D Jungfrau
1.10. 2°26 D Jungfrau
6.12. 3°35 R Jungfrau

1930
1. 1. 3°24 R Jungfrau
1. 4. 1°14 R Jungfrau
12. 5. 0°48 D Jungfrau
1. 7. 1°26 D Jungfrau
1.10. 4°33 D Jungfrau
8.12. 5°47 R Jungfrau

1931
1. 1. 5°38 R Jungfrau
1. 4. 3°29 R Jungfrau
14. 5. 2°59 D Jungfrau
1. 7. 3°35 D Jungfrau
1.10. 6°40 D Jungfrau
10.12. 7°59 R Jungfrau

1932
1. 1. 7°52 R Jungfrau
1. 4. 5°43 R Jungfrau
16. 5. 5°12 D Jungfrau
1. 7. 5°45 D Jungfrau
1.10. 8°49 D Jungfrau
12.12. 10°11 R Jungfrau

1933
1. 1. 10°05 R Jungfrau
1. 4. 7°59 R Jungfrau
18. 5. 7°24 D Jungfrau
1. 7. 7°53 D Jungfrau
1.10. 10°56 D Jungfrau
14.12. 12°23 R Jungfrau

1934
1. 1. 12°18 R Jungfrau
1. 4. 10°14 R Jungfrau
21. 5. 9°36 D Jungfrau
1. 7. 10°02 D Jungfrau
1.10. 13°03 D Jungfrau
17.12. 14°35 R Jungfrau

1935
1. 1. 14°32 R Jungfrau
1. 4. 12°29 R Jungfrau
23. 5. 11°48 D Jungfrau
1. 7. 12°11 D Jungfrau
1.10. 15°10 D Jungfrau
19.12. 16°47 R Jungfrau

1936
1. 1. 16°44 R Jungfrau
1. 4. 14°43 R Jungfrau
25. 5. 13°59 D Jungfrau
1. 7. 14°21 D Jungfrau
1.10. 17°18 D Jungfrau
21.12. 18°58 R Jungfrau

1937
1. 1. 18°56 R Jungfrau
1. 4. 16°58 R Jungfrau
27. 5. 16°11 D Jungfrau
1. 7. 16°29 D Jungfrau
1.10. 19°24 D Jungfrau
23.12. 21°09 R Jungfrau

1938
1. 1. 21°08 R Jungfrau
1. 4. 19°13 R Jungfrau
30. 5. 18°22 D Jungfrau
1. 7. 18°38 D Jungfrau
1.10. 21°30 D Jungfrau
25.12. 23°20 R Jungfrau

1939

1. 1.	23°20	R	Jungfrau
1. 4.	21°28	R	Jungfrau
2. 6.	20°33	D	Jungfrau
1. 7.	20°46	D	Jungfrau
1.10.	23°35	D	Jungfrau
28.12.	25°31	R	Jungfrau

1940

1. 1.	25°31	R	Jungfrau
1. 4.	23°41	R	Jungfrau
3. 5.	22°44	D	Jungfrau
1. 7.	22°56	D	Jungfrau
1.10.	25°43	D	Jungfrau
29.12.	27°42	R	Jungfrau

1941

1. 1.	27°42	R	Jungfrau
1. 4.	25°56	R	Jungfrau
5. 6.	24°55	D	Jungfrau
1. 7.	25°05	D	Jungfrau
1.10.	27°49	D	Jungfrau

1942

1. 1.	29°53	R	Jungfrau
1. 4.	28°11	R	Jungfrau
8. 6.	27°06	D	Jungfrau
1. 7.	27°14	D	Jungfrau
1.10.	29°54	D	Jungfrau
4.10.	0°01	D	Waage

1943

1. 1.	2°04	D	Waage
3. 1.	2°04	R	Waage
1. 4.	0°26	R	Waage
18. 4.	29°59	R	Jungfrau
10. 6.	29°17	D	Jungfrau
1. 7.	29°23	D	Jungfrau
3. 8.	0°01	D	Waage
1.10.	2°00	D	Waage

1944

1. 1.	4°14	D	Waage
5. 1.	4°15	R	Waage
1. 4.	2°39	R	Waage
12. 6.	1°28	D	Waage
1. 7.	1°33	D	Waage
1.10.	4°08	D	Waage

1945

1. 1.	6°25	D	Waage
7. 1.	6°26	R	Waage
1. 4.	4°54	R	Waage
14. 6.	3°39	D	Waage
1. 7.	3°43	D	Waage
1.10.	6°13	D	Waage

1946

1. 1.	8°36	D	Waage
9. 1.	8°37	R	Waage
1. 4.	7°10	R	Waage
17. 6.	5°50	D	Waage
1. 7.	5°53	D	Waage
1.10.	8°19	D	Waage

1947

1. 1.	10°46	D	Waage
12. 1.	10°48	R	Waage
1. 4.	9°25	R	Waage
19. 6.	8°02	D	Waage
1. 7.	8°04	D	Waage
1.10.	10°24	D	Waage

1948

1. 1.	12°56	D	Waage
14. 1.	12°59	R	Waage
1. 4.	11°38	R	Waage
21. 6.	10°13	D	Waage
1. 7.	10°14	D	Waage
1.10.	12°33	D	Waage

1949

1. 1.	15°07	D	Waage
16. 1.	15°11	R	Waage
1. 4.	13°54	R	Waage
23. 6.	12°24	D	Waage
1. 7.	12°25	D	Waage
1.10.	14°38	D	Waage

1950

1. 1.	17°16	D	Waage

18. 1. 17°22 R Waage
1. 4. 16°08 R Waage
26. 6. 14°35 D Waage
1. 7. 14°35 D Waage
1.10. 16°43 D Waage

1951
1. 1. 19°25 D Waage
20. 1. 19°32 R Waage
1. 4. 18°23 R Waage
28. 6. 16°45 D Waage
1. 7. 16°45 D Waage
1.10. 18°49 D Waage

1952
1. 1. 21°34 D Waage
23. 1. 21°43 R Waage
1. 4. 20°36 R Waage
1. 7. 18°56 D Waage
1.10. 20°56 D Waage

1953
1. 1. 23°43 D Waage
24. 1. 23°53 R Waage
1. 4. 22°51 R Waage
1. 7. 21°07 D Waage
1.10. 23°01 D Waage

1954
1. 1. 25°52 D Waage
27. 1. 26°04 R Waage
1. 4. 25°05 R Waage
1. 7. 23°17 R Waage
5. 7. 23°17 D Waage
1.10. 25°07 D Waage

1955
1. 1. 28°00 D Waage
29. 1. 28°15 R Waage
1. 4. 27°20 R Waage
1. 7. 25°29 R Waage
7. 1. 25°28 D Waage
1.10. 27°12 D Waage
25.12. 0°01 D Skorpion

1956
1. 1. 0°09 D Skorpion
1. 2. 0°25 R Skorpion
13. 3. 29°59 R Waage
1. 4. 29°33 R Waage
1. 7. 27°40 R Waage
9. 7. 27°49 D Waage
1.10. 29°20 D Waage
20.10. 0°01 D Skorpion

1957
1. 1. 2°18 D Skorpion
2. 2. 2°36 R Skorpion
1. 4. 1°47 R Skorpion
16. 6. 29°59 R Waage
1. 7. 29°51 R Waage
11. 6. 19°50 D Waage
7. 8. 0°01 D Skorpion
1.10. 1°25 D Skorpion

1958
1. 1. 4°26 D Skorpion
4. 2. 4°47 R Skorpion
1. 4. 4°02 R Skorpion
1. 7. 2°03 R Skorpion
14. 7. 2°00 D Skorpion
1.10. 3°31 D Skorpion

1959
1. 1. 6°34 D Skorpion
7. 2. 6°58 R Skorpion
1. 4. 6°16 R Skorpion
1. 7. 4°15 R Skorpion
16. 7. 4°11 D Skorpion
1.10. 5°37 D Skorpion

1960
1. 1. 8°42 D Skorpion
9. 2. 9°08 R Skorpion
1. 4. 8°29 R Skorpion
1. 7. 6°27 R Skorpion
18. 7. 6°22 D Skorpion
1.10. 7°45 D Skorpion

1961
1. 1. 10°50 D Skorpion
11. 2. 11°19 R Skorpion
1. 4. 10°43 R Skorpion
1. 7. 8°39 R Skorpion
20. 7. 8°33 D Skorpion
1.10. 9°51 D Skorpion

1962
1. 1. 12°58 D Skorpion
13 2. 13°30 R Skorpion
1. 4. 12°57 R Skorpion
1. 7. 10°51 R Skorpion
23. 7. 10°43 D Skorpion
1.10. 11°56 D Skorpion

1963
1. 1. 15°04 D Skorpion
16. 2. 15°40 R Skorpion
1. 4. 15°10 R Skorpion
1. 7. 13°03 R Skorpion
25. 7. 12°53 D Skorpion
1.10. 14°02 D Skorpion

1964
1. 1. 17°11 D Skorpion
18. 2. 17°50 R Skorpion
1. 4. 17°22 R Skorpion
1. 7. 15°14 R Skorpion
27. 7. 15°04 D Skorpion
1.10. 16°09 D Skorpion

1965
1. 1. 19°19 D Skorpion
19. 2. 20°01 R Skorpion
1. 4. 19°35 R Skorpion
1. 7. 17°27 R Skorpion
29. 7. 17°14 D Skorpion
1.10. 18°15 D Skorpion

1966
1. 1. 21°26 D Skorpion
22. 2. 22°11 R Skorpion
1. 4. 21°49 R Skorpion
1. 7. 19°39 R Skorpion
1. 8. 19°24 D Skorpion
1.10. 20°21 D Skorpion

1967
1. 1. 23°32 D Skorpion
24. 2. 24°21 R Skorpion
1. 4. 24°02 R Skorpion
1. 7. 21°52 R Skorpion
3. 8. 21°35 D Skorpion
1.10. 22°28 D Skorpion

1968
1. 1. 25°39 D Skorpion
27. 2. 26°32 R Skorpion
1. 4. 26°14 R Skorpion
1. 7. 24°04 R Skorpion
5. 8. 23°46 D Skorpion
1.10. 24°36 D Skorpion

1969
1. 1. 27°47 D Skorpion
28. 2. 28°43 R Skorpion
1. 4. 28°27 R Skorpion
1. 7. 26°18 R Skorpion
7. 8. 25°56 D Skorpion
1.10. 26°43 D Skorpion

1970
1. 1. 29°53 D Skorpion
5. 1. 0°01 D Schütze
3. 3. 0°54 R Schütze
1. 4. 0°40 R Schütze
4. 5. 29°59 R Skorpion
1. 7. 28°32 R Skorpion
9. 8. 28°07 D Skorpion
1.10. 28°50 D Skorpion
7.11. 0°01 D Schütze

1971
1. 1. 2°00 D Schütze
5. 3. 3°04 R Schütze
1. 4. 2°53 R Schütze
1. 7. 0°45 R Schütze
12. 8. 0°18 D Schütze
1.10. 0°57 D Schütze

1972
1. 1. 4°06 D Schütze
6. 3. 5°15 R Schütze
1. 4. 5°05 R Schütze
1. 7. 2°58 R Schütze
13. 8. 2°29 D Schütze
1.10. 3°06 D Schütze

1973
1. 1. 6°14 D Schütze
9. 3. 7°26 R Schütze
1. 4. 7°18 R Schütze
1. 7. 5°12 R Schütze
16. 8. 4°40 D Schütze
1.10. 5°13 D Schütze

1974
1. 1. 8°20 D Schütze
11. 3. 9°37 R Schütze
1. 4. 9°31 R Schütze
1. 7. 7°26 R Schütze
18. 8. 6°51 D Schütze
1.10. 7°20 D Schütze

1975
1. 1. 10°26 D Schütze
14. 3. 11°48 R Schütze
1. 4. 11°43 R Schütze
1. 7. 9°40 R Schütze
21. 8. 9°01 D Schütze
1.10. 9°28 D Schütze

1976
1. 1. 12°32 D Schütze
1. 4. 13°54 R Schütze
1. 7. 11°53 R Schütze
22. 8. 11°12 D Schütze
1.10. 11°36 D Schütze

1977
1. 1. 14°39 D Schütze
18. 3. 16°09 R Schütze
1. 4. 16°06 R Schütze
1. 7. 14°07 R Schütze
25. 8. 13°22 D Schütze
1.10. 13°44 D Schütze

1978
1. 1. 16°45 D Schütze
20. 3. 18°19 R Schütze
1. 4. 18°17 R Schütze
1. 7. 16°21 R Schütze
27. 8. 15°33 D Schütze
1.10. 15°51 D Schütze

1979
1. 1. 18°50 D Schütze
23. 3. 20°30 R Schütze
1. 4. 20°29 R Schütze
1. 7. 18°35 R Schütze
30. 8. 17°43 D Schütze
1.10. 18°00 D Schütze

1980
1. 1. 20°55 D Schütze
24. 3. 22°41 R Schütze
1. 4. 22°40 R Schütze
1. 7. 20°48 R Schütze
31. 8. 19°54 D Schütze
1.10. 20°09 D Schütze

1981
1. 1. 23°03 D Schütze
27. 3. 24°52 R Schütze
1. 4. 24°51 R Schütze
1. 7. 23°03 R Schütze
3. 9. 22°05 D Schütze
1.10. 22°18 D Schütze

1982
1. 1. 25°09 D Schütze
29. 3. 27°03 R Schütze
1. 4. 27°03 R Schütze
1. 7. 25°18 R Schütze
5. 9. 24°16 D Schütze
1.10. 24°27 D Schütze

1983
1. 1. 27°15 D Schütze
31. 3. 29°14 R Schütze

1. 4. 29°14 R Schütze
1. 7. 27°33 R Schütze
8. 9. 26°28 D Schütze
1.10. 26°36 D Schütze

1984
1. 1. 29°21 D Schütze
20. 1. 0°02 D Steinbock
1. 4. 1°25 R Steinbock
24. 6. 29°59 R Schütze
1. 7. 29°47 R Schütze
9. 9. 28°39 D Schütze
1.10. 28°47 D Schütze
22.11. 0°01 D Steinbock

1985
1. 1. 1°19 D Steinbock
1. 4. 3°37 D Steinbock
4. 4. 3°37 R Steinbock
1. 7. 2°03 R Steinbock
12. 9. 0°51 D Steinbock
1.10. 0°57 D Steinbock

1986
1. 1. 3°53 D Steinbock
1. 4. 5°48 D Steinbock
7. 4. 5°49 R Steinbock
1. 7. 4°18 R Steinbock
14. 9. 3°02 D Steinbock
1.10. 3°07 D Steinbock

1987
1. 1. 5°41 D Steinbock
1. 4. 7°59 D Steinbock
9. 4. 8°00 R Steinbock
1. 7. 6°34 R Steinbock
17. 9. 5°14 D Steinbock
1.10. 5°17 D Steinbock

1988
1. 1. 7°47 D Steinbock
1. 4. 10°10 D Steinbock
11. 4. 10°12 R Steinbock
1. 7. 8°48 R Steinbock
18. 9. 7°25 D Steinbock
1.10. 7°28 D Steinbock

1989
1. 1. 9°55 D Steinbock
1. 4. 12°20 D Steinbock
13. 4. 12°23 R Steinbock
1. 7. 11°03 R Steinbock
21. 9. 9°37 D Steinbock
1.10. 9°38 D Steinbock

1990
1. 1. 12°01 D Steinbock
1. 4. 14°31 D Steinbock
16. 4. 14°35 R Steinbock
1. 7. 13°19 R Steinbock
23. 9. 11°48 D Steinbock
1.10. 11°49 D Steinbock

1991
1. 1. 14°07 D Steinbock
1. 4. 16°41 D Steinbock
18. 4. 16°46 R Steinbock
1. 7. 15°34 R Steinbock
26. 9. 13°59 D Steinbock
1.10. 14°00 D Steinbock

1992
1. 1. 16°13 D Steinbock
1. 4. 18°51 D Steinbock
21. 4. 18°58 R Steinbock
1. 7. 17°48 R Steinbock
27. 9. 16°11 D Steinbock
1.10. 16°11 D Steinbock

1993
1. 1. 18°21 D Steinbock
1. 4. 21°01 D Steinbock
22. 4. 21°09 R Steinbock
1. 7. 20°04 R Steinbock
1.10. 18°23 D Steinbock

Wo steht die Sonne in Ihrem Horoskop? Eine Tabelle zur Bestimmung des Sonnenstandes

Stellen Sie in der folgenden Tabelle fest, bei wieviel Grad Ihre Geburtssonne steht. Die Angaben sind auf 1 Grad genau. Sehen Sie dann in den Tabellen über die Sonne in den Zeichen und in den Dekaden sowie Zwölfteln nach, was Ihr persönlicher Sonnenstand aussagt.

Der ungefähre Sonnenstand bei Ihrer Geburt
Die tatsächlichen persönlichen Daten weichen nicht mehr als höchstens 1 Grad von den angegebenen Gradzahlen ab!

1.1.	10–11 Grad Steinbock
2.1.	11–12 Grad Steinbock
3.1.	12–13 Grad Steinbock
4.1.	13–14 Grad Steinbock
5.1.	14–15 Grad Steinbock
6.1.	15–16 Grad Steinbock
7.1.	16–17 Grad Steinbock
8.1.	17–18 Grad Steinbock
9.1.	18–19 Grad Steinbock
10.1.	19–20 Grad Steinbock
11.1.	20–21 Grad Steinbock
12.1.	21–22 Grad Steinbock
13.1.	22–23 Grad Steinbock
14.1.	23–24 Grad Steinbock
15.1.	24–25 Grad Steinbock
16.1.	25–26 Grad Steinbock
17.1.	26–27 Grad Steinbock
18.1.	27–28 Grad Steinbock
19.1.	28–29 Grad Steinbock
20.1.	29–30 Grad Steinbock
21.1.	30 Grad Steinbock – 1 Grad Wassermann
22.1.	1–02 Grad Wassermann
23.1.	2–03 Grad Wassermann
24.1.	3–04 Grad Wassermann
25.1.	4–05 Grad Wassermann
26.1.	5–06 Grad Wassermann
27.1.	6–07 Grad Wassermann
28.1.	7–08 Grad Wassermann
29.1.	8–09 Grad Wassermann
30.1.	9–10 Grad Wassermann
31.1.	10–11 Grad Wassermann
1.2.	11–12 Grad Wassermann
2.2.	12–13 Grad Wassermann
3.2.	13–14 Grad Wassermann
4.2.	14–15 Grad Wassermann
5.2.	15–16 Grad Wassermann
6.2.	16–17 Grad Wassermann
7.2.	17–18 Grad Wassermann
8.2.	18–19 Grad Wassermann
9.2.	19–20 Grad Wassermann
10.2.	20–21 Grad Wassermann
11.2.	21–22 Grad Wassermann
12.2.	22–23 Grad Wassermann
13.2.	23–24 Grad Wassermann
14.2.	24–25 Grad Wassermann
15.2.	25–26 Grad Wassermann
16.2.	26–27 Grad Wassermann
17.2.	27–28 Grad Wassermann
18.2.	28–29 Grad Wassermann

19.2. 29–30 Grad Wassermann
20.2. 30 Grad Wassermann – 1 Grad Fische
21.2. 1–02 Grad Fische
22.2. 2–03 Grad Fische
23.2. 3–04 Grad Fische
24.2. 4–05 Grad Fische
25.2. 5–06 Grad Fische
26.2. 6–07 Grad Fische
27.2. 7–08 Grad Fische
28.2. 8–09 Grad Fische
29.2. 9–10 Grad Fische

1.3. 10–11 Grad Fische
2.3. 11–12 Grad Fische
3.3. 12–13 Grad Fische
4.3. 13–14 Grad Fische
5.3. 14–15 Grad Fische
6.3. 15–16 Grad Fische
7.3. 16–17 Grad Fische
8.3. 17–18 Grad Fische
9.3. 18–19 Grad Fische
10.3. 19–20 Grad Fische
11.3. 20–21 Grad Fische
12.3. 21–22 Grad Fische
13.3. 22–23 Grad Fische
14.3. 23–24 Grad Fische
15.3. 24–25 Grad Fische
16.3. 25–26 Grad Fische
17.3. 26–27 Grad Fische
18.3. 27–28 Grad Fische
19.3. 28–29 Grad Fische
20.3. 29–30 Grad Fische
21.3. 30 Grad Fische – 01 Grad Widder
22.3. 1–02 Grad Widder
23.3. 2–03 Grad Widder
24.3. 3–04 Grad Widder
25.3. 4–05 Grad Widder
26.3. 5–06 Grad Widder
27.3. 6–07 Grad Widder
28.3. 7–08 Grad Widder
29.3. 8–09 Grad Widder
30.3. 9–10 Grad Widder
31.3. 10–11 Grad Widder

1.4. 11–12 Grad Widder
2.4. 12–13 Grad Widder
3.4. 13–14 Grad Widder
4.4. 14–15 Grad Widder
5.4. 15–16 Grad Widder
6.4. 16–17 Grad Widder
7.4. 17–18 Grad Widder
8.4. 18–19 Grad Widder
9.4. 19–20 Grad Widder
10.4. 20–21 Grad Widder
11.4. 21–22 Grad Widder
12.4. 22–23 Grad Widder
13.4. 23–24 Grad Widder
14.4. 24–25 Grad Widder
15.4. 25–26 Grad Widder
16.4. 26–27 Grad Widder
17.4. 27–28 Grad Widder
18.4. 28–29 Grad Widder
19.4. 29–30 Grad Widder
20.4. 30 Grad Widder – 1 Grad Stier
21.4. 0–01 Grad Stier
22.4. 1–02 Grad Stier
23.4. 2–03 Grad Stier
24.4. 3–04 Grad Stier
25.4. 4–05 Grad Stier
26.4. 5–06 Grad Stier
27.4. 6–07 Grad Stier
28.4. 7–08 Grad Stier
29.4. 8–09 Grad Stier
30.4. 9–10 Grad Stier

1.5. 10–11 Grad Stier
2.5. 11–12 Grad Stier
3.5. 12–13 Grad Stier
4.5. 13–14 Grad Stier
5.5. 14–15 Grad Stier
6.5. 15–16 Grad Stier
7.5. 16–17 Grad Stier

8.5.	17–18 Grad Stier
9.5.	18–19 Grad Stier
10.5.	19–20 Grad Stier
11.5.	20–21 Grad Stier
12.5.	21–22 Grad Stier
13.5.	22–23 Grad Stier
14.5.	23–24 Grad Stier
15.5.	24–25 Grad Stier
16.5.	25–26 Grad Stier
17.5.	26–27 Grad Stier
18.5.	27–28 Grad Stier
19.5.	28–29 Grad Stier
20.5.	29–30 Grad Stier
21.5.	30 Grad Stier – 1 Grad Zwillinge
22.5.	0–01 Grad Zwillinge
23.5.	1–02 Grad Zwillinge
24.5.	2–03 Grad Zwillinge
25.5.	3–04 Grad Zwillinge
26.5.	4–05 Grad Zwillinge
27.5.	5–06 Grad Zwillinge
28.5.	6–07 Grad Zwillinge
29.5.	7–08 Grad Zwillinge
30.5.	8–09 Grad Zwillinge
31.5.	9–10 Grad Zwillinge
1.6.	10–11 Grad Zwillinge
2.6.	11–12 Grad Zwillinge
3.6.	12–13 Grad Zwillinge
4.6.	13–14 Grad Zwillinge
5.6.	14–15 Grad Zwillinge
6.6.	15–16 Grad Zwillinge
7.6.	16–17 Grad Zwillinge
8.6.	17–18 Grad Zwillinge
9.6.	18–19 Grad Zwillinge
10.6.	19–20 Grad Zwillinge
11.6.	20–21 Grad Zwillinge
12.6.	21–22 Grad Zwillinge
13.6.	22–23 Grad Zwillinge
14.6.	23–24 Grad Zwillinge
15.6.	24–25 Grad Zwillinge
16.6.	25–26 Grad Zwillinge
17.6.	26–27 Grad Zwillinge
18.6.	27–28 Grad Zwillinge
19.6.	28–29 Grad Zwillinge
20.6.	29–30 Grad Zwillinge
21.6.	30 Grad Zwillinge – 1 Grad Krebs
22.6.	0–01 Grad Krebs
23.6.	1–02 Grad Krebs
24.6.	2–03 Grad Krebs
25.6.	3–04 Grad Krebs
26.6.	4–05 Grad Krebs
27.6.	5–06 Grad Krebs
28.6.	6–07 Grad Krebs
29.6.	7–08 Grad Krebs
30.6.	8–09 Grad Krebs
1.7.	9–10 Grad Krebs
2.7.	10–11 Grad Krebs
3.7.	11–12 Grad Krebs
4.7.	12–13 Grad Krebs
5.7.	13–14 Grad Krebs
6.7.	14–15 Grad Krebs
7.7.	15–16 Grad Krebs
8.7.	16–17 Grad Krebs
9.7.	17–18 Grad Krebs
10.7.	18–19 Grad Krebs
11.7.	19–20 Grad Krebs
12.7.	20–21 Grad Krebs
13.7.	21–22 Grad Krebs
14.7.	22–23 Grad Krebs
15.7.	23–24 Grad Krebs
16.7.	24–25 Grad Krebs
17.7.	25–26 Grad Krebs
18.7.	26–27 Grad Krebs
19.7.	27–28 Grad Krebs
20.7.	28–29 Grad Krebs
21.7.	29–30 Grad Krebs
22.7.	30 Grad Krebs – 1 Löwe
23.7.	0–01 Grad Löwe
24.7.	1–02 Grad Löwe
25.7.	2–03 Grad Löwe
26.7.	3–04 Grad Löwe

27.7. 4–05 Grad Löwe
28.7. 5–06 Grad Löwe
29.7. 6–07 Grad Löwe
30.7. 7–08 Grad Löwe
31.7. 8–09 Grad Löwe

1.8. 9–10 Grad Löwe
2.8. 10–11 Grad Löwe
3.8. 11–12 Grad Löwe
4.8. 12–13 Grad Löwe
5.8. 13–14 Grad Löwe
6.8. 14–15 Grad Löwe
7.8. 15–16 Grad Löwe
8.8. 16–17 Grad Löwe
9.8. 17–18 Grad Löwe
10.8. 18–19 Grad Löwe
11.8. 19–20 Grad Löwe
12.8. 20–21 Grad Löwe
13.8. 21–22 Grad Löwe
14.8. 22–23 Grad Löwe
15.8. 23–24 Grad Löwe
16.8. 24–25 Grad Löwe
17.8. 25–26 Grad Löwe
18.8. 26–27 Grad Löwe
19.8. 27–28 Grad Löwe
20.8. 28–29 Grad Löwe
21.8. 29–30 Grad Löwe
22.8. 30 Grad Löwe – 1 Grad Jungfrau
23.8. 0 Grad Löwe – 1 Grad Jungfrau
24.8. 1–02 Grad Jungfrau
25.8. 2–03 Grad Jungfrau
26.8. 3–04 Grad Jungfrau
27.8. 4–05 Grad Jungfrau
28.8. 5–06 Grad Jungfrau
29.8. 6–07 Grad Jungfrau
30.8. 7–08 Grad Jungfrau
31.8. 8–09 Grad Jungfrau

1.9. 9–10 Grad Jungfrau
2.9. 10–11 Grad Jungfrau
3.9. 11–12 Grad Jungfrau
4.9. 12–13 Grad Jungfrau
5.9. 13–14 Grad Jungfrau
6.9. 14–15 Grad Jungfrau
7.9. 15–16 Grad Jungfrau
8.9. 16–17 Grad Jungfrau
9.9. 17–18 Grad Jungfrau
10.9. 18–19 Grad Jungfrau
11.9. 19–20 Grad Jungfrau
12.9. 20–21 Grad Jungfrau
13.9. 21–22 Grad Jungfrau
14.9. 22–23 Grad Jungfrau
15.9. 23–24 Grad Jungfrau
16.9. 24–25 Grad Jungfrau
17.9. 25–26 Grad Jungfrau
18.9. 26–27 Grad Jungfrau
19.9. 27–28 Grad Jungfrau
20.9. 28–29 Grad Jungfrau
21.9. 29–30 Grad Jungfrau
22.9. 30 Grad Jungfrau – 1 Grad Waage
23.9. 0–01 Grad Waage
24.9. 1–02 Grad Waage
25.9. 2–03 Grad Waage
26.9. 3–04 Grad Waage
27.9. 4–05 Grad Waage
28.9. 5–06 Grad Waage
29.9. 6–07 Grad Waage
30.9. 7–08 Grad Waage

1.10. 8–09 Grad Waage
2.10. 9–10 Grad Waage
3.10. 10–11 Grad Waage
4.10. 11–12 Grad Waage
5.10. 12–13 Grad Waage
6.10. 13–14 Grad Waage
7.10. 14–15 Grad Waage
8.10. 15–16 Grad Waage
9.10. 16–17 Grad Waage
10.10. 17–18 Grad Waage
11.10. 18–19 Grad Waage
12.10. 19–20 Grad Waage
13.10. 20–21 Grad Waage

14.10. 21–22 Grad Waage
15.10. 22–23 Grad Waage
16.10. 23–24 Grad Waage
17.10. 24–25 Grad Waage
18.10. 25–26 Grad Waage
19.10. 26–27 Grad Waage
20.10. 27–28 Grad Waage
21.10. 28–29 Grad Waage
22.10. 29–30 Grad Waage
23.10. 30 Grad Waage – 1 Grad Skorpion
24.10. 1–02 Grad Skorpion
25.10. 2–03 Grad Skorpion
26.10. 3–04 Grad Skorpion
27.10. 4–05 Grad Skorpion
28.10. 5–06 Grad Skorpion
29.10. 6–07 Grad Skorpion
30.10. 7–08 Grad Skorpion
31.10. 8–09 Grad Skorpion

1.11. 9–10 Grad Skorpion
2.11. 10–11 Grad Skorpion
3.11. 11–12 Grad Skorpion
4.11. 12–13 Grad Skorpion
5.11. 13–14 Grad Skorpion
6.11. 14–15 Grad Skorpion
7.11. 15–16 Grad Skorpion
8.11. 16–17 Grad Skorpion
9.11. 17–18 Grad Skorpion
10.11. 18–19 Grad Skorpion
11.11. 19–20 Grad Skorpion
12.11. 20–21 Grad Skorpion
13.11. 21–22 Grad Skorpion
14.11. 22–23 Grad Skorpion
15.11. 23–24 Grad Skorpion
16.11. 24–25 Grad Skorpion
17.11. 25–26 Grad Skorpion
18.11. 26–27 Grad Skorpion
19.11. 27–28 Grad Skorpion
20.11. 28–29 Grad Skorpion
21.11. 29–30 Grad Skorpion
22.11. 30 Grad Skorpion – 1 Grad Schütze
23.11. 1–02 Grad Schütze
24.11. 2–03 Grad Schütze
25.11. 3–04 Grad Schütze
26.11. 4–05 Grad Schütze
27.11. 5–06 Grad Schütze
28.11. 6–07 Grad Schütze
29.11. 7–08 Grad Schütze
30.11. 8–09 Grad Schütze

1.12. 9–10 Grad Schütze
2.12. 10–11 Grad Schütze
3.12. 11–12 Grad Schütze
4.12. 12–13 Grad Schütze
5.12. 13–14 Grad Schütze
6.12. 14–15 Grad Schütze
7.12. 15–16 Grad Schütze
8.12. 16–17 Grad Schütze
9.12. 17–18 Grad Schütze
10.12. 18–19 Grad Schütze
11.12. 19–20 Grad Schütze
12.12. 20–21 Grad Schütze
13.12. 21–22 Grad Schütze
14.12. 22–23 Grad Schütze
15.12. 23–24 Grad Schütze
16.12. 24–25 Grad Schütze
17.12. 25–26 Grad Schütze
18.12. 26–27 Grad Schütze
19.12. 27–28 Grad Schütze
20.12. 28–29 Grad Schütze
21.12. 29 Grad Schütze – 1 Grad Steinbock
22.12. 1–02 Grad Steinbock
23.12. 2–03 Grad Steinbock
24.12. 3–04 Grad Steinbock
25.12. 4–05 Grad Steinbock
26.12. 5–06 Grad Steinbock
27.12. 6–07 Grad Steinbock
28.12. 7–08 Grad Steinbock
29.12. 8–09 Grad Steinbock
30.12. 9–10 Grad Steinbock
31.12. 10–11 Grad Steinbock

Vom Neumond zum Vollmond
Sonne und Mond in wichtigen Himmelsstellungen mit Kurzdeutungen

In diesem Abschnitt greife ich auch auf Gedanken zurück, die Michael R. Meyer, einer der herausragenden Schüler Dane Rudhyars, 1974 in seinem Buch »A Handbook for the Humanistic Astrologer« dargelegt hat. (Dieses Buch ist leider nicht auf deutsch erschienen.)
Die Himmelsbeziehungen zwischen Sonne und Mond lassen sich in zwei Phasen beschreiben. Da ist einmal die Phase des zunehmenden Mondes von Neumond zu Vollmond, und zweitens die Phase des abnehmenden Mondes von Vollmond zu Neumond. Archetypisch lassen sich diese beiden Phasen gut voneinander unterscheiden.
Die Phase des zunehmenden Mondlichtes bringt spontanes Wachstum und instinktive Aktion mit sich. Sie unterstützt Aufbau und Entwicklung organischer Strukturen.
Die Phase des abnehmenden Mondlichtes begünstigt generell Abschluß und Auflösung. Sie fördert die Entfaltung von Selbstreflexion und Sinn.
Innerhalb dieser zwei Phasen können wir vier Unterphasen feststellen:

- das erste Mondviertel von Neumond bis zum zunehmenden Halbmond, in dieser Subphase geht es um die Suche nach sich selbst;
- das zweite Mondviertel vom Halbmond bis zum Vollmond, hier baut man eine solide Grundlage für die Persönlichkeit;
- das dritte Mondviertel vom Vollmond zum abnehmenden Halbmond, »Ernte« oder »Ent-Täuschung«;
- das vierte Mondviertel vom Halbmond zum Neumond, Herausforderung durch oder von veralteten Strukturen und Reformation der persönlichen oder gesellschaftlichen Basis.

Meyer spricht darüber hinaus von acht Sonne-Mond-Typen, die ich indes anders bezeichne als er.

- Der neue Mond: Neumondtyp, im Tierkreis 0° bis 45° vor der Sonne. Das Schlüsselwort lautet Entstehung; es geht um die Projektion der eigenen Ideale und Vorstellungen in die äußere Welt; das Temperament ist impulsiv und instinktiv. Freud und Marx hatten diese Mondstellung in ihrem Horoskop.

- Der säende Mond: Sichelmondtyp, zunehmend, im Tierkreis 45° bis 90° vor der Sonne. Der Kerngedanke ist Selbstbehauptung; Anteilnahme an der positiven Veränderung alter Formen; man ist recht selbstbewußt. John F. Kennedy und Maria Montessori sind Beispiele dafür.
- Der wachsende Mond: Halbmondtyp, zunehmend, im Tierkreis 90° bis 135° vor der Sonne. Aktion steht im Mittelpunkt des Interesses; es besteht ein Bedürfnis nach dem Aufbau von Strukturen, die den eigenen Idealen gerecht werden; man ist willensstark. Alice Bailey und John Lennon hatten diese Sonne-Mond-Beziehung.
- Der reifende Mond: Dreiviertelmondtyp, zunehmend, im Tierkreis 135° bis 180° vor der Sonne. Ein Schlüsselwort ist Ausdrucksreichtum; es geht um persönliches Wachstum im Rahmen eines sozialen Bezugs; Fragen und Suchen spielen eine Rolle. Janis Joplin und Jakob Böhme können exemplarisch genannt werden.
- Der Erntemond: Vollmondtyp, im Tierkreis 180° bis 135° hinter der Sonne. Mittelpunkt dieser Sonne-Mond-Beziehung ist Erfüllung in jeder Beziehung; bei sonst negativer seelischer Disposition könnte es auch zu einer Wirklichkeitsflucht oder Auflösung der eigenständigen Persönlichkeit kommen. Meyer nennt Rudolf Steiner und Jiddu Krishnamurti als positive Beispiele.
- Der gebende Mond: Dreiviertelmondtyp, abnehmend, im Tierkreis 135° bis 90° hinter der Sonne. Der Kern ist hier Synthese; man gibt das weiter, was man sich erworben hat, und möchte andere Menschen beeindrucken und inspirieren. Meher Baba, aber auch Adolf Hitler hatten diese Mondstellung in ihrem Horoskop.
- Der sich umformende Mond: Halbmondtyp, abnehmend, im Tierkreis 90° bis 45° hinter der Sonne. Ein Schlüsselwort lautet Neuorientierung; man bemüht sich um die Anwendung universaler Prinzipien auf praktische Angelegenheiten; dabei ist man recht erfindungsreich. Lenin und Trotzki sowie Olcott und Annie Besant sind prominente Beispiele dafür.
- Der stille Mond: Sichelmondtyp, abnehmend, im Tierkreis weniger als 45° hinter der Sonne. Befreiung bzw. Erlösung sind die Grundlage dieser Sonne-Mond-Beziehung; es geht um das Hervorbringen einer neuen Saat und die Weitergabe von Visionen für die Zukunft; Verständnis für die Zusammenhänge zwischen Vergangenheit, Gegenwart, Zukunft und »Schicksal«. Das Horoskop von Kant, Dane Rudhyar, Bob Dylan sowie – natürlich nicht so prominent – dem Verfasser selbst weist diese Mondstellung auf.

Ihre Mond-Stellung entnehmen Sie Ihrem Horoskop. Falls Sie noch keines haben, können Sie mit dem Formular am Ende des Buches Ihr Horoskop bestellen. Im Heyne Planetenbuch über den Mond ist eine Kurzformel abgedruckt, um den Mondstand im Tierkreis zu berechnen. Dort finden Sie auch, ebenso wie im Buch über die Sonne, noch eine Fülle interessanter astrologischer Informationen über Sonne und Mond.

Tabelle zur Bestimmung des ungefähren Aszendenten

Sie sollten Ihren Aszendenten genau ausrechnen lassen. Dazu braucht man die Angaben zum Geburtstag, zum Geburtsort und zur Geburtszeit, am besten auf mindestens fünf Minuten genau. Auf die Angaben der Eltern ist erfahrungsgemäß leider wenig Verlaß. Am besten schreiben Sie an das Standesamt Ihres Geburtsorts und bitten um die offizielle Eintragung der Geburtszeit im amtlichen Register. Legen Sie einen adressierten und frankierten Rückumschlag bei.
Damit Sie nun aber wenigstens ungefähr Ihren persönlichsten Punkt im Horoskop, Ihren Aszendenten, kennen, ist hier eine Tabelle abgedruckt, aus der Sie ihn in etwa ablesen können. Ungenauigkeiten ergeben sich nicht nur dadurch, daß Sie selbst Ihre Geburtszeit vielleicht nicht genau wissen, sondern auch dadurch, daß der Aszendent von der geographischen Position auf der Erde abhängt. Wenn ein Mensch um 9 Uhr früh am 2. April in Berlin geboren wird, so ist sein Aszendent anders als der von jemandem, der zwar genau zur selben Minute geboren wurde, aber zum Beispiel sehr viel weiter westlich und südlich, also etwa in Zürich. Hundertprozentig genau kann die folgende Tabelle nicht sein – sonst müßten mehrere Tabellen für die verschiedenen geographischen Positionen in Mitteleuropa abgedruckt sein –, aber sie reicht, um den Aszendenten und die Häuserpositionen in etwa zu bestimmen. Nach diesen notwendigen Vorbemerkungen nun zur Schnellbestimmung Ihres Aszendenten.
Die Tabelle gilt für Mitteleuropa. Die Geburtstage sind pro Tierkreiszeichen in drei »Dekaden« aufgeteilt.

- Sie kennen Ihren Geburtstag.
- Sie kennen (bzw. vermuten) Ihre Geburtszeit. Runden Sie diese auf fünf Minuten ab oder auf.
- Prüfen Sie in einer Sommerzeittabelle, ob es an Ihrem Geburtstag eine sogenannte Sommerzeit gab. Falls ja, müssen Sie von Ihrer Geburtszeit eine Stunde abziehen!
- Suchen Sie Ihren Geburtstag in der richtigen Dekade in der Tabelle.
- Suchen Sie unter der Spanne der Uhrzeiten, die dort angegeben sind, die Spanne, in welche Ihre Geburtszeit fällt (die eventuell bereits um die minus eine Stunde Sommerzeit korrigiert wurde).

- Lesen Sie ab, welches Tierkreiszeichen an Ihrem Aszendenten stand.
- Sie können auch abschätzen, ob Ihr Aszendent mehr am Anfang, in der Mitte oder am Ende des Zeichens stand, je nachdem, ob sich Ihre Geburtszeit mehr am Anfang, in der Mitte oder am Ende der angegebenen Zeitspanne befindet.

Widder

Geburtstag	21.3.–31.3.	01.4.–10.4.	11.4.–20.4.
Aszendent	Geburtszeit	Geburtszeit	Geburtszeit
Widder	06h30–07h30	06h00–07h00	05h15–06h15
Stier	07h30–08h45	07h00–08h15	06h15–07h30
Zwillinge	08h45–10h30	08h15–10h00	07h30–09h15
Krebs	10h30–13h00	10h00–12h30	09h15–11h45
Löwe	13h00–15h45	12h30–15h15	11h45–14h30
Jungfrau	15h45–18h30	15h15–18h00	14h30–17h15
Waage	18h30–21h15	18h00–20h45	17h15–20h00
Skorpion	21h15–24h00	20h45–23h30	20h00–22h45
Schütze	00h00–02h30	23h30–02h00	22h45–01h15
Steinbock	02h30–04h15	02h00–03h45	01h15–03h00
Wassermann	04h15–05h30	03h45–05h00	03h00–04h15
Fische	05h30–06h30	05h00–06h00	04h15–05h15

Stier

Geburtstag	21.4.–30.4.	01.5.–10.5.	11.5.–21.5.
Aszendent	Geburtszeit	Geburtszeit	Geburtszeit
Widder	04h30–05h30	04h00–05h00	03h30–04h30
Stier	05h30–06h45	05h00–06h15	04h30–05h45
Zwillinge	06h45–08h30	06h15–08h00	05h45–07h30
Krebs	08h30–11h00	08h00–10h30	07h30–10h00
Löwe	11h00–13h45	10h30–13h15	10h00–12h45
Jungfrau	13h45–16h30	13h15–16h00	12h45–15h30
Waage	16h30–19h15	16h00–18h45	15h30–18h15
Skorpion	19h15–22h00	18h45–21h30	18h15–21h00
Schütze	22h00–00h30	21h30–24h00	21h00–23h30
Steinbock	00h30–02h15	00h00–01h45	23h30–01h15
Wassermann	02h15–03h30	01h45–03h00	01h15–02h30
Fische	03h30–04h30	03h00–04h00	02h30–03h30

Zwillinge

Geburtstag	22.5.–31.5.	01.6.–10.6.	11.6.–21.6.
Aszendent	Geburtszeit	Geburtszeit	Geburtszeit

Widder	03h00–04h00	02h30–03h30	01h45–02h45
Stier	04h00–05h15	03h30–04h45	02h45–04h00
Zwillinge	05h15–07h00	04h45–06h30	04h00–05h45
Krebs	07h00–09h30	06h30–09h00	05h45–08h15
Löwe	09h30–12h15	09h00–11h45	08h15–11h00
Jungfrau	12h15–15h00	11h45–14h30	11h00–13h45
Waage	15h00–17h45	14h30–17h15	13h45–16h30
Skorpion	17h45–20h30	17h15–20h00	16h30–19h15
Schütze	20h30–23h00	20h00–22h30	19h15–21h45
Steinbock	23h00–00h45	22h30–00h15	21h45–23h30
Wassermann	00h45–02h00	00h15–01h30	23h30–00h45
Fische	02h00–03h00	01h30–02h30	00h45–01h45

Krebs

Geburtstag	22.6.–30.6.	01.07.–11.7.	12.7.–22.7.
Aszendent	Geburtszeit	Geburtszeit	Geburtszeit
Widder	01h00–02h00	00h30–01h30	00h00–01h00
Stier	02h00–03h15	01h30–02h45	01h00–02h15
Zwillinge	03h15–05h00	02h45–04h30	02h15–04h00
Krebs	05h00–07h30	04h30–07h00	04h00–06h30
Löwe	07h30–10h15	07h00–09h45	06h30–09h15
Jungfrau	10h15–13h00	09h45–12h30	09h15–12h00
Waage	13h00–15h45	12h30–15h15	12h00–14h45
Skorpion	15h45–18h30	15h15–18h00	14h45–17h30
Schütze	18h30–21h00	18h00–20h30	17h30–20h00
Steinbock	21h00–22h45	20h30–22h15	20h00–21h45
Wassermann	22h45–24h00	22h15–23h30	21h45–23h00
Fische	00h00–01h00	23h30–00h30	23h00–24h00

Löwe

Geburtstag	23.7.–31.7.	01.8.–11.8.	12.8.–22.8.
Aszendent	Geburtszeit	Geburtszeit	Geburtszeit
Widder	22h45–23h45	22h15–23h15	21h30–22h30
Stier	23h45–01h00	23h15–00h30	22h30–23h45
Zwillinge	01h00–02h45	00h30–02h15	23h45–01h30
Krebs	02h45–05h15	02h15–04h45	01h30–04h00
Löwe	05h15–08h00	04h45–07h30	04h00–06h45
Jungfrau	08h00–10h45	07h30–10h15	06h45–09h30
Waage	10h45–13h30	10h15–13h00	09h30–12h15
Skorpion	13h30–16h15	13h00–15h45	12h15–15h00
Schütze	16h15–18h45	15h45–18h15	15h00–17h30

Steinbock	18h45–20h30	18h15–20h00	17h30–19h15
Wassermann	20h30–21h45	20h00–21h15	19h15–20h30
Fische	21h45–22h45	21h15–22h15	20h30–21h30

Jungfrau

Geburtstag	24.8.–31.8.	01.9.–11.9.	12.9.–22.9.
Aszendent	Geburtszeit	Geburtszeit	Geburtszeit
Widder	20h30–21h30	20h00–21h00	19h15–20h15
Stier	21h30–22h45	21h00–22h15	20h15–21h30
Zwillinge	22h45–00h30	22h15–24h00	21h30–23h15
Krebs	00h30–03h00	00h00–02h30	23h15–01h45
Löwe	03h00–05h45	02h30–05h15	01h45–04h30
Jungfrau	05h45–08h30	05h15–08h00	04h30–07h15
Waage	08h30–11h15	08h00–10h45	07h15–10h00
Skorpion	11h15–14h00	10h45–13h30	10h00–12h45
Schütze	14h00–16h30	13h30–16h00	12h45–15h15
Steinbock	16h30–18h15	16h00–17h45	15h15–17h00
Wassermann	18h15–20h30	17h45–19h00	17h00–18h15
Fische	19h30–20h30	19h00–20h00	18h15–19h15

Waage

Geburtstag	23.9.–30.9.	01.10.–11.10.	12.10.–23.10.
Aszendent	Geburtszeit	Geburtszeit	Geburtszeit
Widder	18h30–19h30	18h00–19h00	17h15–18h15
Stier	19h30–20h45	19h00–20h15	18h15–19h30
Zwillinge	20h45–22h30	20h15–22h00	19h30–21h15
Krebs	22h30–01h00	22h00–00h30	21h15–23h45
Löwe	01h00–03h45	00h30–03h15	23h45–02h30
Jungfrau	03h45–06h30	03h15–06h00	02h30–05h15
Waage	06h30–09h15	06h00–08h45	05h15–08h00
Skorpion	09h15–12h00	08h45–11h30	08h00–10h45
Schütze	12h00–14h30	11h30–14h00	10h45–13h15
Steinbock	14h30–16h15	14h00–15h45	13h15–15h00
Wassermann	16h15–17h30	15h45–17h00	15h00–16h15
Fische	17h30–18h30	17h00–18h00	16h15–17h15

Skorpion

Geburtstag	24.10.–31.10.	01.11.–11.11.	12.11.–22.11.
Aszendent	Geburtszeit	Geburtszeit	Geburtszeit
Widder	16h30–17h30	15h45–16h45	15h15–16h15
Stier	17h30–18h45	16h45–18h00	16h15–17h30

Zwillinge	18h45–20h30	18h00–19h45	17h30–19h15
Krebs	20h30–23h00	19h45–22h15	19h15–21h45
Löwe	23h00–01h45	22h15–01h00	21h45–00h30
Jungfrau	01h45–04h30	01h00–03h45	00h30–03h15
Waage	04h30–07h15	03h45–06h30	03h15–06h00
Skorpion	07h15–10h00	06h30–09h15	06h00–08h45
Schütze	10h00–12h30	09h15–11h45	08h45–11h15
Steinbock	12h30–14h15	11h45–13h30	11h15–13h00
Wassermann	14h15–15h30	13h30–15h45	13h00–14h15
Fische	15h30–16h30	14h45–15h45	14h15–15h15

Schütze

Geburtstag	23.11.–30.11.	01.12.–11.12.	12.12.–21.12.
Aszendent	Geburtszeit	Geburtszeit	Geburtszeit
Widder	14h30–15h30	13h45–14h45	13h15–14h15
Stier	15h30–16h45	14h45–16h00	14h15–15h30
Zwillinge	16h45–18h30	16h00–17h45	15h30–17h15
Krebs	18h30–21h00	17h45–20h15	17h15–19h45
Löwe	21h00–23h45	20h15–23h00	19h45–22h30
Jungfrau	23h45–02h30	23h00–01h45	22h30–01h15
Waage	02h30–05h15	01h45–04h30	01h15–04h00
Skorpion	05h15–08h00	04h30–07h15	04h00–06h45
Schütze	08h00–10h30	07h15–09h45	06h45–09h15
Steinbock	10h30–12h15	09h45–11h30	09h15–11h00
Wassermann	12h15–13h30	11h30–12h45	11h00–12h15
Fische	13h30–14h30	12h45–13h45	12h15–13h15

Steinbock

Geburtstag	22.12.–31.12.	01.1.–11.1.	12.1.–20.1.
Aszendent	Geburtszeit	Geburtszeit	Geburtszeit
Widder	12h15–13h15	11h45–12h45	11h15–12h15
Stier	13h15–14h30	12h45–14h00	12h15–13h30
Zwillinge	14h30–16h15	14h00–15h45	13h30–15h15
Krebs	16h15–18h45	15h45–18h15	15h15–17h45
Löwe	18h45–21h30	18h15–21h00	17h45–20h30
Jungfrau	21h30–00h15	21h00–23h45	20h30–23h15
Waage	00h15–03h00	23h45–02h30	23h15–02h00
Skorpion	03h00–05h45	02h30–05h15	02h00–04h45
Schütze	05h45–08h15	05h15–07h45	04h45–07h15
Steinbock	08h15–10h00	07h45–09h30	07h15–09h00
Wassermann	10h00–11h15	09h30–10h45	09h00–10h15
Fische	11h15–12h15	10h45–11h45	10h15–11h15

Wassermann

Geburtstag	21.1.–31.1.	01.2.–10.2.	11.2.–18.2.
Aszendent	Geburtszeit	Geburtszeit	Geburtszeit
Widder	10h30–11h30	10h00–11h00	09h15–10h15
Stier	11h30–12h45	11h00–12h15	10h15–11h30
Zwillinge	12h45–14h30	12h15–14h00	11h30–13h15
Krebs	14h30–17h00	14h00–16h30	13h15–15h45
Löwe	17h00–19h45	16h30–19h15	15h45–18h30
Jungfrau	19h45–22h30	19h15–22h00	18h30–21h15
Waage	22h30–01h15	22h00–00h45	21h15–24h00
Skorpion	01h15–04h00	00h45–03h30	24h00–02h45
Schütze	04h00–06h30	03h30–06h00	02h45–05h15
Steinbock	06h30–08h15	06h00–07h45	05h15–07h00
Wassermann	08h15–09h30	07h45–09h00	07h00–08h15
Fische	09h30–10h30	09h00–10h00	08h15–09h15

Fische

Geburtstag	19.2.–29.2.	01.3.–10.3.	11.3.–20.3.
Aszendent	Geburtszeit	Geburtszeit	Geburtszeit
Widder	08h30–09h30	08h15–09h15	07h30–08h30
Stier	09h30–10h45	09h15–10h30	08h30–09h45
Zwillinge	10h45–12h30	10h30–12h15	09h45–11h30
Krebs	12h30–15h00	12h15–14h45	11h30–14h00
Löwe	15h00–17h45	14h45–17h30	14h00–16h45
Jungfrau	17h45–20h30	17h30–20h15	16h45–19h30
Waage	20h30–23h15	20h15–23h00	19h30–22h15
Skorpion	23h15–02h00	23h00–01h45	22h15–01h00
Schütze	02h00–04h30	01h45–04h15	01h00–03h30
Steinbock	04h30–06h15	04h15–06h00	03h30–05h15
Wassermann	06h15–07h30	06h00–07h15	05h15–06h30
Fische	07h30–08h30	07h15–08h15	06h30–07h30

Welcher Planetentyp sind Sie? Ein astrologischer Test rund um die Planeten

1. Ihr Verhalten im Alltag

Frage 1A

Welche Lebensweise bevorzugen Sie, streben Sie an oder haben Sie bereits verwirklicht? ... (a–j)

Frage 1B

Mit welchem Verhalten haben Sie eher Probleme, was lehnen Sie ab bzw. was sagt Ihnen zu wenig? ... (a–j)

Auch wenn es Ihnen vielleicht schwerfällt, sich nur jeweils für eine Antwort zu entscheiden, notieren Sie bei den Fragen oben bitte nur je einen Buchtaben für jene Lebensweise, die Ihnen am meisten bzw. am wenigsten entspricht.

d) Ich suche Harmonie oder schaffe sie selbst, ich suche Liebe und Entspannung.
b) Ich vertraue meinen Gefühlen und lebe nach meinem eigenen Rhythmus.
h) Ich habe Freude an Veränderung und probiere gern etwas Neues aus.
f) Ich strebe nach Bewußtseinserweiterung, nach Idealen und einer sinnvollen Lebensordnung.
j) Ich setze meine Überzeugungen durch und spüre, daß ich von einer höheren Fügung geleitet werde.
a) Ich entfalte mich kreativ selbst und drücke meinen Lebenswillen aus.
e) Ich entscheide aktiv und handle zielstrebig.
i) Ich lasse Dinge geschehen und öffne mich für innere Inspirationen.
c) Ich spreche mich klar aus, ich suche immer neue Informationen.
g) Ich bin bereit, Verantwortung zu übernehmen, Prioritäten zu setzen und Grenzen anzuerkennen.

2. Ihr Lebensmotto

Frage 2A

Nach welchem Motto leben Sie, welches bevorzugen Sie, oder welches streben Sie an? ... (a–j)

Frage 2B

Mit welchem Motto haben Sie Probleme, was lehnen Sie ab bzw. womit können Sie nicht viel anfangen? ... (a–j)

Notieren Sie oben bitte wieder nur jeweils einen Buchstaben für das Motto, das Ihnen am meisten bzw. am wenigsten entspricht.

h) »Das gleiche läßt uns in Ruhe, aber der Widerspruch ist es, der uns produktiv macht!«
e) »Leben heißt innerlich brennen!«
g) »Ungewiß und vergänglich ist das Glück; gewiß und ewig bleibt die Pflicht!«
c) »Denn eben wo Begriffe fehlen, da stellt ein Wort zur rechten Zeit sich ein!«
j) »Man wird nicht dadurch erleuchtet, daß man sich Lichtgestalten vorstellt, sondern durch Bewußtmachung der Dunkelheit!«
a) »Wohin du auch gehst, geh mit deinem ganzen Herzen!«
d) »Schön ist eigentlich alles, was man mit Liebe betrachtet!«
f) »Derjenige, der ein Warum zum Leben hat, kann fast jedes Wie ertragen!«
b) »Wer nach außen sieht, träumt; wer nach innen sieht, wacht!«
i) »Ich bin in allem, und alles ist in mir!«

3. Wie Sie auf andere Menschen wirken

Wie erleben Ihre Familie, Ihre Berufskollegen, Ihre Freunde und Menschen, die Sie zum ersten Mal kennenlernen, Sie? Und wie wirken Sie nach Ihrer Meinung oder wie würden Sie gern sein?

Notieren Sie bitte wieder jeweils, welcher Begriff Ihrer Meinung nach auf Sie am ehesten zutrifft und welcher am wenigsten.

Wie sieht mich meine Familie (Partner/in, Kinder)?

3A Am meisten wie ... (a–j)

3B Am wenigsten wie ... (a–j)

Wie möchte ich am liebsten auf meine Familie wirken?

4A Am meisten wie ... (a–j)

4B Am wenigsten wie ... (a–j)

Wie sehen mich meine Freunde?
5A Am meisten wie ... (a–j)
5B Am wenigsten wie ... (a–j)
Wie möchte ich am liebsten auf meine Freunde wirken?
6A Am meisten wie ... (a–j)
6B Am wenigsten wie ... (a–j)
Wie sehen mich meine Kollegen im Beruf?
7A Am meisten wie ... (a–j)
7B Am wenigsten wie ... (a–j)
Wie möchte ich am liebsten auf meine Kollegen wirken?
8A Am meisten wie ... (a–j)
8B Am wenigsten wie ... (a–j)
Wie sehen mich neue Menschen bzw. Fremde?
9A Am meisten wie ... (a–j)
9B Am wenigsten wie ... (a–j)
Wie möchte ich am liebsten auf neue Menschen wirken?
10A Am meisten wie ... (a–j)
10B Am wenigsten wie ... (a–j)

Unter folgenden Begriffen wählen Sie aus, was auf die jeweilige Frage für Sie am ehesten zutrifft, und notieren Sie für die Fragen 3A bis 10B die entsprechenden Buchstaben:

i) Empfänglich, phantasievoll, beeinflußbar
f) Offen, optimistisch, sozial
c) Intelligent, vermittelnd, beweglich
e) Energisch, tatkräftig, mutig
a) Schöpferisch, warmherzig, selbstbewußt
h) Selbständig, freiheitsliebend, eigenwillig
b) Gefühlvoll, anpassungsfähig, reflektierend
d) Ausgleichend, feinfühlig, kunstsinnig
j) Durchsetzungsfähig, opferbereit, rücksichtslos
g) Konzentriert, fest, vorsichtig

Übrigens: Falls Sie Lust und Gelegenheit haben, daß einige Menschen Ihrer Familie, Freunde und Kollegen diese Fragen über Sie beantworten, könnten Sie deren Antworten als einen guten Spiegel dafür betrachten, inwieweit Selbsteinschätzung und Außenwirkung übereinstimmen.

Ergebnis
Tragen Sie bitte die Buchstaben Ihrer Antworten ein

Spalte A	Spalte B
Antwort 1A ...	Antwort 1B ...
Antwort 2A ...	Antwort 2B ...
Antwort 3A ...	Antwort 3B ...
Antwort 4A ...	Antwort 4B ...
Antwort 5A ...	Antwort 5B ...
Antwort 6A ...	Antwort 6B ...
Antwort 7A ...	Antwort 7B ...
Antwort 8A ...	Antwort 8B ...
Antwort 9A ...	Antwort 9B ...
Antwort 10A ...	Antwort 10B ...

Auswertung
Zählen Sie in Spalte A und Spalte B getrennt, welche Buchstaben von a) bis j) mehr als einmal vorkommen. Sie können also maximal zehnmal in einer Spalte ein und denselben Buchstaben vermerkt haben.
Es bedeuten a) Sonne, b) Mond, c) Merkur, d) Venus, e) Mars, f) Jupiter, g) Saturn, h) Uranus, i) Neptun und j) Pluto.
Zunächst zur Anzahl der Mehrfachnennungen eines Buchstabens, also zur »Quantität« Ihres Testergebnisses.

Deutung Spalte A: Ihre Planeten-Stärken
Diese Spalte sagt etwas über Ihr aktives Bewußtsein aus, über Ihre dynamische Lebensgestaltung, über Ihre »Yang«-Qualitäten, über Einstellungen, Hoffnungen und Ideale, mit denen Sie dem Leben begegnen, wie Sie es sich im Leben »einrichten« und wie Sie sich verhalten.
Lesen Sie dazu, welcher Planetentyp A Sie sind.

8–10 gleiche Nennungen: Ziemliche Absolutheitsansprüche
Das heißt, daß Ihnen die Qualität, die der entsprechende Planet symbolisiert, enorm wichtig ist. Entweder, weil Sie diese Merkmale zum Brennpunkt Ihres Lebens gemacht haben, oder weil Sie sie für besonders erstrebenswert erachten und Sie Ihnen jetzt noch fehlen. Vielleicht stellen Sie bei sich selbst sogar eine gewisse Einseitigkeit fest? Auf jeden Fall spielt dieser Planet für Sie ein herausragende Rolle!
Lesen Sie dazu, welcher Planetentyp A Sie sind.

5–7 gleiche Nennungen: Gelassene Sicherheit auf dem Weg
Dieser Planet bzw. die ihm entsprechenden Merkmale sind für Sie wie

ein »Leitstern« auf Ihrem Lebensweg. Sie haben Ihre Werte, Maßstäbe und Ziele gefunden und vertrauen dem Leben. Sie schöpfen aus einer Kraftquelle, die Ihnen hilft, Ihr Leben zu meistern. Viele Menschen werden Sie beneiden!
Lesen Sie dazu, welcher Planetentyp A Sie sind.

2–4 gleiche Nennungen: Interesse für Lebensziele
Sie stellen eine gewisse Neigung fest, Eigenschaften weiter zu entwickeln, die der von Ihnen gewählte Planet symbolisch darstellt. Allerdings wollen Sie sich (noch) nicht zu sehr festlegen. Möglicherweise fühlen Sie sich aber auch etwas unsicher in bezug auf Ihre Richtung. Fassen Sie ruhig Mut – Sie sind auf dem richtigen Weg!
Lesen Sie dazu, welcher Planetentyp A Sie sind.

Keine Mehrfachnennung: Sind Sie vollkommen – oder nur ziemlich orientierungslos?
Wenn Sie in der Spalte A keinen Buchstaben mehr als einmal genannt haben, so läßt das entweder darauf schließen, daß Sie vollkommen ausgeglichen sind und Ihr Leben recht bewußt gestalten – oder daß Sie in Ihrer derzeitigen Lebenssituation sich noch sehr unentschieden und unsicher fühlen.
Vielleicht können oder wollen Sie mit Themen der Selbsterfahrung auch (noch) nichts zu tun haben?
Lesen Sie dazu, welcher Planetentyp A Sie sind.

Und nun zur Deutung der »Qualität« des Testergebnisses, welche Charaktereigenschaften und Schicksalsrichtung von den Mehrfachnennungen betroffen sind. Diese Merkmale haben Sie also entweder verwirklicht oder Sie streben Sie an, auf jeden Fall schätzen Sie sie positiv ein.
Wie stark die Deutung für Sie zutrifft, ergibt sich daraus, wie oft Sie den jeweiligen Planeten gewählt haben. Mehrfache zustimmende Nennungen heißen bei A:

a) Sie sind ein Sonnentyp!
Sie besitzen bzw. schätzen Selbstvertrauen, Vitalität, Lebensmut, Selbständigkeit, Bewußtheit.

b) Sie sind ein Mondtyp!
Sie vertrauen Gefühlen und Sie besitzen bzw. schätzen Hingabe, Sorgsamkeit, seelische Empfindsamkeit, Wandelbarkeit.

c) Sie sind ein Merkurtyp!
Sie besitzen bzw. schätzen Intellekt, Sinn für Kommerzielles, Fähigkeit zum Austausch, Wendigkeit, Sprachsicherheit.

d) Sie sind ein Venustyp!
Sie besitzen bzw. schätzen Harmoniebedürfnis, Zärtlichkeit, Ästhetik, Nähe, Beziehungsfähigkeit, sich austauschende Libido.

e) Sie sind ein Marstyp!
Sie besitzen bzw. schätzen Initiative, Energie, Triebkraft, Aktivität, Risikobereitschaft, gebende Libido.

f) Sie sind ein Jupitertyp!
Sie besitzen bzw. schätzen Sinnbedürfnis, Optimismus, Glaube, Ganzheitlichkeit, Ausdehnungstendenz.

g) Sie sind ein Saturntyp!
Sie besitzen bzw. schätzen Sicherheitsbedürfnis, Pflichtgefühl, Leistungsbereitschaft, Konzentration, Verantwortung.

h) Sie sind ein Uranustyp!
Sie besitzen bzw. schätzen Intuition, Originalität, Individualisierung, Reformstreben, Toleranz, Plötzlichkeit.

i) Sie sind ein Neptuntyp!
Sie besitzen bzw. schätzen Verschmelzungsbedürfnis, Hingabe, Ahnungen, Träume, Auflösungsstreben, Sinn für Mystik und Meditation.

j) Sie sind ein Plutotyp!
Sie besitzen bzw. schätzen die Fähigkeit zur Überwindung von Ängsten und Zwängen, Machtausübung, Magie, Ausrichtung auf eine höhere Führung.

Mit dem Planeten, den Sie als als wichtigsten für sich ausgewählt haben oder den Sie in sich noch suchen, sollten Sie sich intensiver beschäftigen. Erforschen Sie weiter, welches bislang unentdeckte oder ungelebte Potential von Kräften und welche Chancen der Entfaltung in Ihnen ruhen, die dieser Planet symbolisiert.
Es ist durchaus möglich, daß sich Ihr Testergebnis nach einigen Monaten oder Jahren verändert – weil Sie selbst sich verändert und weiterentwickelt haben.

Deutung Spalte B: Ihre Planeten-Probleme

Diese Spalte sagt etwas darüber aus, welche »Schatten« unserer Persönlichkeit wir entweder übersehen oder abschieben. Hier geht es um verinnerlichte »Yin«-Qualitäten, um instinktive Reaktionen und unbewußte Prägungen, um unklare Ängste oder geheime Träume, die unsere Lebenseinstellung beeinflussen.

Zunächst zur Anzahl der Mehrfachnennungen eines Buchstabens, also zur »Quantität« Ihres Testergebnisses.

8–10 Nennungen: Ist da etwas Fanatismus vorhanden?

Hier gibt es für Sie einen wunden Punkt, den Sie vermutlich auch ganz gut kennen. Sie neigen dazu, Ihre Ansichten und vor allem Ihre Abneigungen mit allen möglichen Gründen vor sich und anderen zu rechtfertigen – um sie nur ja nicht in Frage stellen zu müssen. Ein »einfacher« Mensch sind Sie nicht. Vielleicht würde das Leben für Sie schöner sein, wenn Sie nicht so vehement Stellung bezögen, sondern offener würden?

Lesen Sie dazu, welcher Planetentyp B Sie sind.

5–7 Nennungen: Herausforderung, Probleme zu meistern

Es gibt wichtige Dinge im Leben, mit denen Sie (noch) nicht fertig werden. Das kann Ihnen bewußt sein, vielleicht aber auch nicht! Geben Sie sich ganz sachlich und offen Rechenschaft darüber, was Sie im Leben wirklich wollen. Und sehen Sie zu, daß Sie Ihre Einstellungen nicht verabsolutieren. Sonst könnte sich im Inneren ein Vulkan nicht verarbeiteter »Schattenthemen« anstauen, der sich eines Tages mit unliebsamen Ausbrüchen bemerkbar macht.

Lesen Sie dazu, welcher Planetentyp B Sie sind.

2–4 Nennungen: Eine selbstbewußte Lebenshaltung

Sie wissen auf jeden Fall, was Sie nicht wollen! Und Sie scheuen sich nicht, das auch auszusprechen, es in Ihrem Verhalten zu zeigen und danach zu leben. Sie vertreten Ihre Standpunkte, auch wenn Sie auf andere etwas eigenwillig wirken mögen. Vorsicht allerdings vor einer Verhärtung später im Leben.

Lesen Sie dazu, welcher Planetentyp B Sie sind.

Keine Mehrfachnennung: Sind Sie sehr ausgeglichen oder eher weniger problembewußt?

Wenn Sie in der Spalte B keinen Buchstaben mehr als einmal genannt haben, so läßt das entweder darauf schließen, daß Sie sehr entwickelt

und auch mit seelisch-geistigen Bereichen vertraut sind und daß Sie gezielt an Ihrer Bewußtseinsentfaltung arbeiten. Oder dieses Ergebnis bedeutet, daß Sie in Ihrer derzeitigen Lebenssituation noch eine Scheu vor oder keine bewußte Erfahrung mit dem komplexen Innenleben von Psyche, Seele und Geist und ihren oft verborgenen, aber machtvollen Wirkungen für das Außenleben haben.
Lesen Sie dazu, welcher Planetentyp B Sie sind.

Und nun zur Deutung, welche Charaktereigenschaften und Schicksalsrichtung von den Mehrfachnennungen betroffen sind, also die »Qualität« des Testergebnisses.
Wie stark die Deutung für Sie zutrifft, ergibt sich daraus, wie oft Sie den jeweiligen Planeten gewählt haben. Bitte beachten Sie aber, daß sich die »Negativaussagen« nicht unbedingt auf Sie persönlich beziehen, sondern daß es sich hier vielleicht um Menschen in Ihrer Umgebung handelt, die solche Merkmale zeigen. Dann ist die Ablehnung dieser Eigenschaften bei anderen das Thema dieser Negativaussagen!
Mehrfache ablehnende Nennungen heißen bei B

a) Sonnenprobleme:
Neigung zu Passivität oder Hyperaktivität, Selbstüberschätzung.

b) Mondprobleme:
Neigung zu Gefühlshemmung, Ungeborgenheit, Launenhaftigkeit.

c) Merkurprobleme:
Neigung zu Kontaktproblemen, Geschwätzigkeit, Kopflastigkeit.

d) Venusprobleme:
Neigung zu Scheinharmonie, Konsumhaltung, Trägheit.

e) Marsprobleme:
Neigung zu Ungeduld, Aggression, Rücksichtslosigkeit, Konfliktscheu.

f) Jupiterprobleme:
Neigung zu Überheblichkeit, überzogenen Erwartungen, Ausschweifungen, Dogmatik.

g) Saturnprobleme:
Neigung zu Sturheit, Geiz, Härte, Ängsten, Hemmung, Kontrollzwang.

h) Uranusprobleme:
Neigung zu Unberechenbarkeit, Angst vor Risiko, Exzentrik, Unbeweglichkeit.

i) Neptunprobleme:
Neigung zu Illusionen, Realitätsflucht, Antriebsschwäche, Opfer-Helfer-Syndrom.

j) Plutoprobleme:
Neigung zu Machthunger, Fanatismus, Opferrolle, Abhängigkeit von Kollektivwerten.

Mit dem Planeten, den Sie als eher unwichtig betrachten oder vielleicht abgelehnt haben, oder mit dem Sie (noch) wenig anfangen können, sollten Sie sich ebenfalls näher auseinandersetzen. Er symbolisiert innere oder äußere Kräfte und latente Herausforderungen in Ihrem Leben, die bisher noch nicht wahrgenommen, durch irgendwelche Umstände unterdrückt oder verdrängt werden.
Und wieder gilt auch hier, daß Sie in einigen Monaten oder Jahren vermutlich zu einem anderen Testergebnis kommen werden.

»Wir sind zum Mond geflogen ...« – Zur Inneren Astrologie

»Wir sind zum Mond geflogen und wollen zu den Sternen reisen, aber das Herz unseres Nachbarn haben wir nicht erreicht.«

Diese Worte des Dichters und Mystikers Darshan Singh bilden einen angemessenen Abschluß dieses Büchleins über die Beudeutung des Neptun in der Astrologie. Neptun bringt uns die Botschaft der All-Liebe. Er fordert uns auf, auch die feineren Saiten in unserer Seele anklingen zu lassen, ihren Schwingungen Raum und Zeit zu geben, uns im besten Sinne des Wortes zu bilden.

Wir erreichen das Herz unseres Nachbarns nur dann, wenn wir unser eigenes Herz erfahren. Das geht nicht nur mit dem kühlen Verstand, sondern bedarf auch einer feinfühligen Empfindsamkeit. Unser Herz »funktioniert« nicht auf Knopfdruck, wie eine Maschine, sondern nur, wenn es auf subtile Weise in seinen Schwingungen angeregt wird. Was ist, astrologisch und spirituell gesehen, unser Herz? Wir sehen vermutlich die Sonne als erstes astrologisches Symbol des menschlichen Herzens an. Aber das allein wäre noch nicht ausreichend, die Sonne bezieht sich doch vorrangig auf körperliche und willensbedingte Aspekte des Herzens. Der Planet Neptun symbolisiert meiner Ansicht nach das Herz im Sinne des höheren, seelischen Wesens und das Erlebens des Herzens oder doch zumindest seine Ahnung oder Vision der ewigen Wirklichkeit des eigenen Bewußtseins. Im spirituellen Sinn bedeutet »Herz« ohnehin vor allem die Bewußtheit der Seele, die Erfahrung des göttlichen Ursprungs, das unmittelbare Erleben der inneren Verbindung mit dem göttlichen immerwährenden Licht und der Musik der Schöpfung. In diesem Sinne kann der Neptun zu recht als »Planet der Verschmelzung« oder »Planet der Einheit« bezeichnet werden, dann steht er für die »unio mystica«, von der Mystiker im Osten und Westen, im Christentum und in anderen Hochreligionen als Anfang, Auftrag und Vollendung des menschlichen Lebens auf Erden gesprochen haben. Nicht umsonst gibt es im Christentum die besondere »Übung« des Herzensgebets, die einen unsichtbaren Zugang zum Licht Christi eröffnet.

Wie gelangt man in der heutigen, »modernen« Zeit zum inneren Kosmos, zum Herzen aller Menschen? »Mensch, erkenne dich selbst«

zierte als Auftrag und Mahnung den Orakeltempel im griechischen Delphi. Wenn wir uns selbst erkannt haben als das, was wir wirklich sind – eben mehr als ständig sich wandelnde Gedanken, Gefühle und Körperzellen –, dann werden wir auch das Herz des Nachbarn erreichen. Dann erst kann unser Heimatplanet zu einem Paradies der friedlichen Entwicklung der Seele werden, die während ihrer Erdentage in das mystischen Geheimnis ihres eigenen Wesens eingeweiht wird.
Eine solche Einweihung gibt es auf dem Weg der »Inneren Astrologie«. Das ist eine besondere Form der Meditation und Innenschau, die zur Quelle des inneren Lichts und der inneren Liebe führt. Hier ist zwar nicht der Raum, um darauf näher einzugehen, aber die Information, daß es so etwas überhaupt gibt, möchte ich Ihnen nicht vorenthalten. Wer unter den Lesern den inneren Kosmos kennenlernen möchte, wer sich für die Innere Astrologie interessiert, kann dies durch die Licht- und Tonmeditation, bei der das Körperbewußtsein teilweise oder ganz überschritten wird und der Mensch als Mikrokosmos seine Verbindung zum Makrokosmos entdeckt. Auf dem Weg dieser Meditation können Sie Myriaden von Sternen am inneren Himmel sehen, den inneren weißen Mond und die innere rote Sonne, die Himmel der Astral- und Kausalwelten, schließlich können Sie zum inneren Meister und mit seiner Hilfe zum Quelle und zum Ursprung der menschlichen Seele gelangen. Und dabei hilft uns eine weitere Neptunqualität, nämlich das Zurückziehen, das Alleinsein, die meditative Stille.
Ohne das eigene, unmittelbare Erleben, daß wir Menschen Geist sind, bewußte, unsterbliche Seele, können wir gar nicht erkennen, daß auch andere Menschen bewußte Seele sind. Aber erst dann, wenn wir das erfahren haben, vermögen wir von Seele zu Seele, von Herz zu Herz Menschen zu begegnen und uns mit ihnen auszutauschen.
»Der gottverbundene, lebensbewußte Mensch ist weltoffen, naturverbunden, tolerant, gelassen, verstehend und heiter. Zielstrebig baut er an der Seelenbrücke des Friedens.«
Diese Grüße der bekannten Chirologin, Heilpraktikerin und spirituellen Lebensberaterin Rita Issberner-Haldane erreichen mich gerade jetzt, als ich an diesen Seiten schreibe. Auch in diesen Worte sehe ich das milde Licht des Symbols Neptun leuchten.
Mögen Sie in Ihrem Leben viel von dieser liebevollen Kraft durch sich hindurchwirken lassen!

Wulfing von Rohr, Santa Fe, zwischen den Jahren 1993 und 1994

Anhang

Die Astrodata-Horoskopkarten:
das psychologisch-astrologische Erkenntnisspiel

Der Autor hat in Zusammenarbeit mit der Astrologin Monica Kissling und dem Astrodata Verlag Horoskopkarten entwickelt. Sie eignen sich zum Auslegen und Erkennen des eigenen Horoskops, zur fundierten Interpretation auf einen Blick, zum Erlernen der Grundlagen der psychologischen Astrologie und zur Anwendung als Orakel wie Tarotkarten. Mit Karten zu den 12 Tierkreiszeichen, 12 Häusern, Sonne, Mond, Planeten, den Mondknoten, der MC/IC-Achse und mit 2 Blankokarten zur persönlichen Ergänzung.
Erhältlich in jeder guten Fachbuchhandlung (ISBN-Nummer 3-907029-34-8) oder direkt beim Astrodata-Verlag Zürich. Siehe Bestellformular am Schluß des Buches.

Literaturhinweise

Aus dem Astrologie-Programm des Heyne Verlags München empfehle ich besonders folgende Bücher:

»Das Grundwissen der Astrologie«, Bernd A. Mertz; Grundlagenwerk vom deutschen Altmeister der Astrologie; Originalausgabe im Ariston Verlag Genf–München, Taschenbuchausgabe im Heyne Verlag Mücnhen, TB 9447

»Liebe – Opfer – Magie. Esoterische Astrologie«, Bernd A. Mertz, Astrodata Verlag Zürich

»Schicksalspunkte im Horoskop«, Berd A. Mertz, Astrodata Verlag Zürich

»Astrologie der Persönlichkeit«, Dane Rudhyar; umfassende Darstellung astrologischer Konzepte; Heyne TB 08/9603

»Die Kunst der Horoskop-Synthese«, Tracy Marks, Hier & Jetzt Verlag, Hamburg

»Elemente und Kreuze – Die Typenlehre C.G. Jungs in der Astrologie«, Karen M. Hamaker-Zondag, Hier & Jetzt Verlag, Hamburg

»Astrologie und Energiearbeit«, Donna Cunningham, Hier & Jetzt Verlag, Hamburg

Die Heyne Planetenbücher von Wulfing von Rohr;

»Merkur – der Geldplanet: Die Kraft des Verstandes und der Kommunikation«; Heyne TB 14/300

»Venus – der Liebesplanet: Die Kraft der Harmonie und der Kunst«; Heyne TB 14/301

»Mars – der Energieplanet: Die Kraft des Willens und des Triebes«, Heyne TB 14/302

»Jupiter – der Glücksplanet: Die Kraft der Entfaltung und des Sinns«; Heyne TB 14/303

»Saturn – Die Kraft der Konzentration und Grenzsetzung«; Heyne TB 14/304

»Die Mondknoten – Schicksalspunkte: Alte Karmalast und neue Lebensaufgabe«; Heyne TB 14/305

Diese 1993 erschienenen Bücher enthalten alle eine ausführliche Einführung in die Grundlagen der Astrologie sowie sehr detaillierte Literaturhinweise.

1994 erscheint die zweite Staffel dieser Reihe:

»Sonne – Der Lebensplanet: Die Kraft des Bewußtseins und der Schöpfung«; Heyne TB 14/306

»Mond – Der Gefühlsplanet: Die Kraft der Seele und des Träumens«; Heyne TB 14/307
»Uranus – Der Veränderungsplanet: Die Kraft des Neuen und der Intuition«; Heyne TB 14/308
»Neptun – Der Verschmelzungsplanet: Die Kraft der Einfühlung und der Mystik«, Heyne TB 14/309
»Pluto – Der Machtplanet: Die Kraft der Transformation und Magie«, Heyne TB 14/310
Die Bücher über Sonne und Pluto enthalten einen Fixsternkalender; alle fünf mit einer Tabelle zur Berechnung des Sonnenstands und einer Aufteilung der zwölf Tierkreiszeichen in drei Dekaden und zwölf Unterbereiche; das Mondbuch stellt zusätzlich eine Formel zur Berechnung des Mondstandes zur Verfügung.
Ausgewählte Bücher des Autors zu anderen Themen:
»Nostradamus – Seher, Astrologe. Entschlüsselte Geheimnisse und ungelöste Rätsel. Das Quellenbuch mit der wiederentdeckten Nostradamus-Astrologie«, Ariston Verlag Genf-München, 1994
»Es steht geschrieben ... Leben zwischen Chaos und Karma und der Mut zum freien Willen«, Ariston Verlag Genf-München, Herbst 1994
»Meditation – Die Kraft aus der Mitte: Ein Handbuch für die Übungspraxis mit den wichtigsten Methoden«, Goldmann Verlag München, TB 12138, 2. Aufl. 1993
»Meditation – Neue Lebenskraft aus der Mitte«, Übungskassette mit Anleitung und Musik, jetzt nur noch erhältlich über WRAGE Buchhandlung und Versandservice; Adresse siehe Bestellcoupon für Astrodienste am Schluß dieses Buchs.
»Magisch Reisen Indien – Ein spiritueller Reiseführer«, Goldmann Verlag München, 2. Auflage 1993
»Orte der Kraft – Kräfte des Lebens«: ein Gespräch mit dem Meditationsmeister Rajinder Singh, u.a. über die »inneren Sterne«; das Video ist erhältlich über die Adressen zum Stichwort »Innere Astrologie«.
»Neues Bewußt-Sein – Vom positiven Denken zum konstruktiven Handeln«, Fischer Verlag CH-Münsingen, 1993, mit Gudrun Freitag
»Tarot der Liebe«: Die erste positive, dynamische und moderne Tarot-Interpretation ohne okkulten oder mittelalterlichen Ballast, Ariston Verlag Genf–München, geb., 2. Aufl. 1989, mit Gayan S. Winter; als TB im Heyne Verlag München
Von Claude Weiss und Wulfing von Rohr sind zwei Astrologie-Lehrvideos erschienen im Video-Programm des Bauer Verlags Freiburg. Erhältlich im Fachbuchhandel oder direkt bei Astrodata, Albisriederstr. 232, CH 8047 Zürich. Siehe auch Bestellkarte weiter hinten.

Astrologie-Kurse

Besonders empfehlen möchte ich Kurse von Bernd A. Mertz, z.B. bei der Sauter-Organisation auf dem Stoos in der Schweiz, bei ROTA in Düsseldorf sowie im eigenen Frankfurter Institut. Kontaktadressen:

Sauter, Hauptstr. 110, CH-8289 Kreuzlingen, Tel. (072) 721573, Fax 722709; ROTA, Eckener Weg 3, D-40764 Langenfeld, Tel. (02173) 73535, Fax 82534; B. A. Mertz, Altheimstr. 5, D-60431 Frankfurt/M, Tel. (069) 513322.

Ich selbst halte ebenfalls gelegentlich Astrologie-Kurse sowie Meditationsseminare und würde mich freuen, Sie persönlich begrüßen und im Rahmen meiner Möglichkeiten Ihre Themen und Fragen besprechen zu können. Infos zu Astrologiekursen über WRAGE Hamburg, Schlüterstr. 4, D-20146 Hamburg, Tel. (040) 455240, Fax 442469; Posivita, Rotbuchstr. 16, CH-8033 Zürich 6, Tel. (01) 3623040, Fax 3623039; Infos über Meditationsseminare bei ROTA, siehe oben.

»Innere Astrologie«

Informationen über (kostenlose) Meditationskurse mit dem inneren Licht und Ton über Deutschland: Helga Kammerl, Jägerberg 21, D-82335 Berg, Tel. (08151) 50449, Fax 51038; Österreich: Herbert Wasenegger, Mautner Markhofgasse, 13-15/V/3, A-1110 Wien; Schweiz: Angela Seiler, Tödistraße 20, CH-8002 Zürich, Tel. (01) 2022372; USA: Science of Spirituality Center, 4S175 Naperville Road, Naperville, Ill. 60563; Tel. (708) 955-1200; Indien: Kirpal Ashram, 2 Canal Road, Vijay Nagar, Delhi, India 110009.

Astrologische Beratung

Scheuen Sie sich nicht, vor einer Beratung genau zu erfragen,

- was das Leistungsangebot ist,
- wie lange die persönliche Besprechung dauert,
- ob es mehr um Ereignisse, mehr um psychologische Themen, mehr um Lebensaufgaben oder um alles geht,
- was die Beratung kostet,
- ob Sie auch nachher noch gelegentlich Fragen telefonisch stellen können.

Und überlegen Sie, ob Lebenserfahrung und menschlicher Hintergrund, astrologische Richtung und spirituelle Bewußtseinsentwicklung des Beraters Ihre Erwartungen bzw. Ansprüche erfüllen. Ein guter Astrologe/eine gute Astrologin wird keine sachliche Frage übelnehmen und bereitwillig den eigenen Beratungsansatz erklären. Bedenken Sie beim Honorar, daß der Astrologe meistens intensiv vorarbeiten muß.

In Deutschland empfehle ich Bernd A. Mertz, Altheimstr. 5, D-60431 Frankfurt/Main, Tel. (069) 513322; in der Schweiz Monica Kissling, Impuls-Beratung Zürich, Tel. (01) 2810464, Fax 2813464.

Ich selbst nehme auch gelegentlich Beratungsaufträge an; entweder im Zusammenhang mit meinen Seminaren in Europa oder an meinem Wohnort in Santa Fe: Tel (001) (505) 988-3677, Fax 986-0235.
Mein persönlicher Ansatz zur Astrologie ist eher »unmodern« und »unpsychologisch«, nämlich vorwiegend konstruktiv und nicht problemvertiefend, sondern problemlösend orientiert. Probleme sollen zwar erkannt und besprochen werden, sie zu überwinden funktioniert aber nach meiner Lebenserfahrung meist nur wirklich, wenn wir uns vor allem aktiv unseren Chancen und Möglichkeiten widmen und unsere Stärken so weit entwickeln, daß sie unsere Schwächen wie von selbst ausgleichen können.

Astrologische Dienstleistungen

Bestellformular für Astrologie-Videos, Astrodata-Horoskopkarten sowie für Astro-Ausrechnungsdienste

... Ex. ASTRODATA-Horoskopkarten à DM/sfr 39,80
72 Lern- und Spielkarten, 12 davon vierfarbig

... Ex. Persönliche Jahresvorschau à DM 65,–/sfr 55,–
ab Monat/Jahr .../...

... Ex. Persönlicher Astro-Kalender à DM 110,–/sfr 95,–
Individuell gedeutete Vorschau für jeden Tag –
als Ringbuch oder als Tischmodell (ankreuzen)

... Ex. Große Persönlichkeitsanalyse à DM 82,–/sfr 70,–
Standardhoroskopanalyse mit Horoskopzeichnung
(ohne Zeichnung DM 70,–/sfr 60,–; bitte ankreuzen)

... Partnerschaftsanalyse (ohne Zeichnung) DM 60,–/sfr 50,–
Bitte geben Sie unbedingt beide Geburtsdaten an sowie
Ihren Begegnungsort oder gemeinsamen Wohnort!

... Ex. Astrologie-Videolehrgang mit Claude Weiss, I und II,
jeweils DM/sfr 68,–

Zwischensumme DM ________ /sfr ________

zuzüglich Porto und Versand DM/sfr 5,–
bei Bestellungen unter DM/sfr 200 ________________

Gesamtsumme DM/sfr ________________

Geburtsdaten für Person 1

Name, Vorname ....

Geburtsdatum, Geburtszeit ....

Geburtsort, Geburtsland ....
Männlich
Weiblich (bitte ankreuzen)

Geburtsdaten für Person 2 (für Partnerschaftsanalyse und/oder bei Mehrfach-Bestellungen)

Name, Vorname ....

Geburtsdatum, Geburtszeit ....

Geburtsort, Geburtsland ....
Männlich
Weiblich (bitte ankreuzen)
Bei Ortschaften unter 5000 Einwohnern bitte auch nächstgrößere Stadt mitangeben. Danke sehr.

Schneiden Sie dieses Formular heraus oder machen Sie eine Fotokopie. Senden Sie Ihre Bestellung mit einem Euro-Scheck mit Sckeckkartennummer als Brief ab. Schicken Sie alles entweder an

- Astrodata AG, Albisriederstr. 232, CH-8047 Zürich oder an
- Wrage Buchhandlung, Schlüterstr. 4, D-20146 Hamburg

Sie können den Gesamtbetrag auch auf das jeweilige Postscheckkonto einzahlen und den Einzahlungsbeleg mit diesem Bestellformular einsenden.

Postscheckkonto ASTRODATA: Postgiroamt Karlsruhe 14020-758 Deutsche Bank Weil am Rhein, BLZ 68370034, für ASTRODATA-Konto 0794.834.
Postscheckkonto WRAGE; Postgiroamt Hamburg, BLZ 20010020, Konto WRAGE 114328-200

Vergessen Sie nicht, die Adresse anzugeben, an welche Ihre Bestellung versandt werden soll!
Die Lieferzeit beträgt 1 bis 2 Wochen. Lieferungen von Astrodaten in die Schweiz gegen Rechnung; Zahlung innert 30 Tagen.